LES RASCALS.

C.

ERNEST CAPENDU.

LES
RASCALS

2

PARIS
ALEXANDRE CADOT, ÉDITEUR,
37, RUE SERPENTE.

1860

I

Le transport-office.

(SUITE.)

« Messieurs, continua sir Georges en s'adressant aux membres réunis du transport-office ; messieurs, je viens d'entendre les dernières paroles du docteur Weis, et je comprends maintenant pourquoi vous m'avez fait appeler. Il s'agit de l'ordonnance du conseil de régence, n'est-ce pas ?

— Sans doute, répondit le président, et nous avons tout lieu de nous étonner que cette ordonnance ne soit pas encore notifiée aux prisonniers du Protée.

— Je n'ai pas voulu que cette ordonnance fût placardée sur les mâts de mon navire, répondit nettement sir Georges, parce que je la crois contraire à l'honneur de mon pays. »

Un murmure accueillit ces paroles.

« Monsieur, dit le président d'une voix sévère, vous oubliez deux choses : la première, c'est la qualité de ceux devant lesquels vous parlez ; la seconde, qu'il ne vous appartient pas de discuter les arrêts du conseil de régence. Prenez garde, sir Georges. Jusqu'ici l'on fut indulgent pour vous, mais toute indulgence a de justes bornes, desquelles elle ne saurait sortir sans devenir une tolérance blâmable.

— Je remercie le transport-office de ses excellentes dispositions à mon égard, répondit sir Georges avec un peu d'ironie ; mais je lui ferai humblement observer que je n'oublie rien. Je connais la qualité de ceux auxquels je m'adresse, et c'est précisément à cause de l'estime que quelques-uns m'inspirent (et sir Georges appuya sur les mots quelques-uns) que je parle ainsi que je le fais. Quant à la discussion des arrêts du conseil de régence, elle appartient à mon libre arbitre. La liberté de penser existe, Dieu merci, dans les trois royaumes !

— Un officier ne discute pas, il obéit.

— Pardon ; mais je ne suis plus officier, fit Georges en tirant de sa poche un large pli qu'il déposa sur la table J'étais marin, et je crois avoir dignement servi l'Angleterre ; j'ai consenti à me faire geôlier, puisqu'il s'agissait encore du bien de mon pays ; mais, maintenant qu'il faut devenir bourreau, j'envoie ma démission aux lords de l'amirauté. Donc, je ne suis plus rien, rien qu'un bon Anglais, messieurs ; et, à ce titre, la mesure prise par le conseil de régence me semble mauvaise et déshonorante. »

Un léger silence suivit ces fières paroles ; puis le président reprit d'une voix plus sévère encore :

« Sir Georges, nous n'avons aucun droit pour nous opposer à l'acte que vous prétendez accomplir en quittant le service de Sa Majesté ; vous avez été attaché au transport-office par l'amirauté, et jusqu'à ce jour le transport-office, s'il n'a pas trouvé en vous tout le patriotisme désirable, n'a pas eu cependant à se plaindre de vos services. Il vous plaît aujourd'hui de donner votre démission, peu nous importe; mais, jusqu'à l'heure où cette démission aura été acceptée par le ministre, vous êtes encore sous nos ordres, et, en conséquence, vous devez obéir sans discussion. De plus, les raisons que vous donnez sont insultantes pour ces messieurs, vos collègues.

— Je n'ai l'intention d'insulter personne. J'ai cru devoir émettre une opinion qui m'est personnelle, voilà tout. Quant à faire afficher l'ordonnance, je ne saurais m'y opposer; mais je n'en donnerai pas l'ordre moi-même, quelle que soit la conséquence de ce refus. Vous êtes les maîtres, ainsi que vous l'avez dit; faites donc, messieurs. Je me contenterai, et c'est là malheureusement tout ce que je puis faire, de protester par mon silence et mon inaction. »

Et Georges, s'inclinant froidement, s'apprêta à se retirer.

Mais cela n'était pas l'affaire du docteur, qui avait juré de tirer une vengeance éclatante du mépris dont le gentlemen et son ami

Fuller l'avaient successivement accablé la nuit précédente.

Le commandant du Protée avait de trop puissantes alliances avec les hautes familles d'Angleterre pour qu'on pût l'attaquer ouvertement.

Sa façon de parler aux redoutés seigneurs du transport-office en était la preuve; car tout autre officier qui eût ainsi répondu au conseil se fût vu perdu sans retour; puis, d'ailleurs, le rusé médecin n'avait pas l'habitude de frapper ses ennemis en face

Les blessures qu'il faisait ne tuaient pas un homme sur le coup : elles distillaient lentement dans ses veines un poison corrosif.

Aussi, au moment où sir Georges allait quitter la salle, entendit-il ces mots lancés à demi-voix par son ennemi :

« Sir Georges est un homme très-prudent, et je comprends qu'il donne sa démission dans la situation où nous sommes.

— Que voulez-vous dire, monsieur? fit le commandant du Protée en s'arrêtant brusquement.

— Rien autre chose que ce je dis, dit le docteur en souriant.

— Mais je ne vous comprends pas, et je vous serais infiniment obligé de vous expliquer nettement.

— Mon Dieu, commandant, c'est bien simple, et cela me semble tout naturel... je ne vous blâme pas... au contraire.

— Vous ne me blâmez pas?

— Certes ; quand on est marié... quand on est riche... on se doit à sa femme... à sa fortune... à ses amis... à soi-même, enfin. »

Et le docteur, en prononçant ces phrases, qu'il séparait à dessein comme s'il eût voulu ainsi en augmenter la portée, clignait ses petits yeux, arrondissait sa grande bouche, et grimaçait un sourire.

Incontestablement quelque horrible méchanceté se cachait sous cette apparence mielleuse.

La patience de sir Georges était à bout.

« De quoi voulez-vous donc parler? s'écria-t-il avec violence: A quoi attribuez-vous donc ma démission?

— Moi, je ne l'attribue qu'à ce que vous voudrez, commandant; mais d'autres, moins bien intentionnés, pourraient peut-être supposer que la subite invasion de la fièvre jaune...

— La fièvre jaune! reprit sir Georges avec stupeur; c'est vrai. je l'avais oubliée!

— J'en étais bien certain, continua Weis avec son plus méchant sourire; car la fièvre jaune reconnue hier à bord des pontons, et le commandant du Protée donnant sa démission ce matin... on aurait pu voir dans ses nobles raisons un prétexte qui...

— Assez! interrompit sir Georges. Ne voyez-vous pas, monsieur, que ma froideur cache mal ma colère, et qu'il serait dangereux de continuer plus longtemps. En donnant ma démission, je ne songeais plus que la mort était à mon bord, et qu'avant de me devoir à moi-même, je me devais à l'humanité et au service du roi. Monsieur le président, je reprends cette démission que je viens de déposer sur cette table; je vous la remettrai lorsque le danger sera passé.

Il y avait une telle grandeur dans ces simples paroles, on devinait si bien ce qui se passait dans ce noble cœur, que les ennemis de Georges eux-mêmes baissèrent la tête sous le regard clair qui jaillissait des prunelles ardentes du gentlemen.

Seuls, Weis et son ami le président du

transport-office échangèrent un sourire de satisfaction.

Ce dernier se leva et tendit à sir Georges la démission qu'il avait prise.

« Monsieur, ajouta-t-il, j'approuve votre détermination ; mais il y a dans votre conduite, depuis deux jours, certains points qui me semblent avoir besoin d'être expliqués. Cependant, peut-être le conseil se trompe-t-il. Il le désire, croyez-le. Aussi veut-il s'éclairer tout d'abord par lui-même avant de vous demander ces explications dont je vous parle. En attendant ses ordres, vous allez immédiatement vous rendre à bord du Protée où, après la révolte du Britannia, votre présence peut être nécessaire. Vous ne quitterez pas votre navire sans notre permission spéciale. Allez, monsieur, obéissez ! Songez que si tout à l'heure vos paroles, après votre démission donnée, étaient imprudentes, toute observation à cette heure serait un crime au point de vue des lois qui nous régissent ! Monsieur Steal, vous accompagnerez le commandant jusqu'à son bord. »

Le même officier qui avait amené au conseil le mari de la jolie Cœlia, s'avança vers Georges.

Celui-ci ne répondit pas un mot. Il s'inclina et sortit accompagné par l'officier désigné par le président.

« Ils sont perdus ; je ne puis rien pour eux ! murmura-t-il en prenant le chemin du port. Ce Weis est le génie du mal ! »

Après la sortie de Georges, le conseil du transport-office avait levé sa séance.

Les différents commandants des pontons qui y assistaient se disposèrent à regagner leurs bords, car la révolte du matin avait laissé chacun sur le qui-vive.

Weis et le président demeurèrent bientôt seuls.

« Mon cher docteur, dit ce dernier en prenant familièrement le bras de son interlocuteur ; mon cher docteur, vous avez vu que j'avais en vous une confiance sans bornes, puisque, en obéissant aux quelques mots que vous m'avez glissés à l'oreille, je n'ai pas interrogé sir Georges à propos de cette Française, dont cependant vous-même aviez paru interpréter la présence au cottage. Vous aviez tellement pris cette affaire à cœur que j'ai cru devoir suivre vos instructions ; mais, maintenant que nous sommes seuls, expliquez-vous.

— Ca'égoriquement même, ajouta Weis avec une effronterie cynique. Je hais sir Georges et je lui ferai tout le mal possible : vous ne l'aimez pas, donc vous m'aiderez. Est-ce clair ?

— Très-clair et très-vrai. Ce Georges a tellement pris à tâche de contrecarrer les vues du transport-office relativement aux rascals, que je le considère comme un ennemi personnel.

— A merveille. Eh bien ! ma conviction est que cette Française peut perdre sir Georges, et c'est pour ne pas qu'il se mette sur ses gardes que j'ai cru devoir vous empêcher d'en parler.

— Comment cela ?

— Il faut que vous fassiez revenir cette femme à Portsmouth et que vous l'interrogiez vous-même.

— Mais elle est chez sir Georges.

— Eh bien ! donnez l'ordre qu'on aille l'y chercher.

— Le domicile d'un Anglais est sacré.

— Oui, quand il ne détient pas un ennemi du pays. Or, il y a tout à parier que cette Française est complice de l'évasion.

— Cela est effectivement possible.

— Donc, vous pouvez requérir même la force pour la faire conduire ici.

— Sans doute, mais sir Georges a de puissantes alliances, et le scandale....

— Qui vous en parle ?

— Mais cependant....

— On peut l'éviter ! interrompit Weis avec impatience.

— Comment ? demanda l'agent général du transport-office.

— De la façon la plus simple, répondit le docteur. Mais passons dans votre cabinet, si cela vous convient. Ce grand salon n'est pas fait pour les confidences intimes.

— A vos ordres, mon très-cher ! » fit l'interlocuteur de l'infernal médecin, en se levant vivement.

Et tous deux, traversant l'appartement dans toute sa longueur, gagnèrent une pièce de proportion moyenne servant de bureau au chef de l'agence, et dans laquelle ils s'installèrent pour continuer la conférence.

II

" Le Georges.

A l'embouchure de la Medina, sur le Solent-Sea, au sommet de l'angle droit du triangle rectangle formé par l'immense baie qui rallie Portsmouth à Southampton et dont la côte méridionale anglaise est l'hypoténuse, se dresse, vis-à-vis la pointe de Gosport, à quatre milles au plus de distance, la petite ville de Cowes, dans l'île de Wight.

Cette ville, aujourd'hui résidence du Yacht's-Club, a de tout temps ouvert son petit port aux riches et nombreuses embarcations de plaisance des gentlemen marins.

En 1808, ces somptueux bâtiments, rendus stationnaires par la guerre maritime et par la crainte de nos corsaires, encombraient la Parade, le joli quai de West-Cowes.

Çà et là étaient mouillés quelques navires d'un plus fort tonnage.

L'un d'eux, armé depuis peu pour la course par les amateurs réunis de Newport, se balançait majestueusement à l'entrée du canal.

C'était une belle frégate de quarante canons, finement gréée et aménagée avec un soin minutieux.

Le Georges, tel était son nom, avait jeté l'ancre depuis seulement deux jours, et sa coque arrondie n'avait pas encore été allégée des trésors qu'elle renfermait et qui provenaient de la dépouille de deux riches trois-mâts bordelais capturés à la hauteur du cap Finistère.

On devait le lendemain procéder au déchargement, et le surlendemain reprendre la mer.

Le capitaine Swindon, grâce à ses lettres de marque, pouvait, à toute heure de nuit et de jour, en faisant reconnaître son navire, sortir librement du canal et passer sous les forts pour entrer en Manche.

Seulement, à l'heure où nous conduisons le lecteur à Cowes, le digne commandant était fort embarrassé.

Son équipage, décimé dans les précédents combats, était insuffisant, et le besoin qu'avait le gouvernement de matelots pour ses bâtiments de guerre, rendait plus que difficile la tâche du corsaire qui cherchait des recrues pour compléter le nombre nécessaire de ses hommes.

Faute de bras pour la manœuvre, le Georges était indéfiniment condamné à l'inaction, et cependant Swindon voulait, avons-nous dit, reprendre la mer le lendemain.

Assis à une table, dans Medina-Taverne, le commandant attendait depuis la veille que le hasard lui envoyât des matelots à engager.

Medina-Taverne était le rendez-vous ordinaire des marins en quête d'occupation.

Swindon avait vidé déjà un flacon de genièvre et il s'apprêtait philosophiquement à en entamer un second, qu'on venait de placer devant lui, lorsque son attention fut subitement éveillée par l'arrivée dans la salle de quatre vigoureux matelots, aux mains rudes, aux épaules carrées; au teint cuivré, aux vêtements goudronnés et chantant à tue-tête une complainte destinée à faire vivre éternellement les exploits maritimes de la vieille Angleterre.

Les quatre hommes s'attablèrent, demandèrent du porter et du genièvre, allumèrent leurs pipes et se mirent à causer des affaires du jour.

Les matelots se cotisèrent pour solder le montant de la consommation, ce qui n'indiquait pas que leur bourse fût lourdement lestée.

Swindon, flairant une affaire, se rapprocha des marins.

A leur accent il crut les reconnaître pour des naturels de Jersey.

Les matelots, sans paraître remarquer la présence du corsaire, causaient à voix haute, et leur conversation roulait précisément sur les mérites du Georges, que l'on apercevait par une fenêtre ouverte.

Swindon se rapprocha encore en se frottant les mains.

« Vous aimeriez donc bien donner la chasse à ces chiens de Français? dit-il d'une voix mielleuse en s'adressant à l'un des quatre matelots, qui se faisait remarquer par la hardiesse de ses expressions à propos de la guerre avec la France.

— Dam! répondit le marin, cela dépend! Il est sûr que si j'avais sous les pieds le pont d'un vaisseau semblable à celui que l'on voit là-bas à l'entrée du chenal, j'aurais de l'agrément à courir sus à un navire portant le pavillon tricolore et à lancer le grappin dans ses basses vergues! Mais tout ça, c'est des bêtises, attendu que cet agrément-là je ne l'aurai pas de sitôt.

— Pourquoi? demanda curieusement Swindon.

— Parce que moi et les camarades sommes engagés à bord d'un marchand.

— Quoi! des gaillards taillés comme vous! de rudes Anglais! de vrais marins! aimez mieux bourlinguer sur ces tortues à carènes épaisses, plutôt que de suspendre vos hamacs dans l'entre-pont d'un navire de l'État ou dans celui d'un hardi corsaire!

— On fait ce qu'on peut et pas ce qu'on

veut, répondit philosophiquement le matelot.

— C'est pourtant facile. Les engagements ne manquent pas !

— Ça dépend des ports. A Pool, il n'y avait dans la rade que des gros marchands. On n'avait pas l'embarras du choix.

— Vous étiez donc à Pool?

— Oui. C'est là où on a désarmé le brick à bord duquel nous naviguions, et dam! comme les temps sont durs, comme l'argent est rare, nous avons pris le premier engagement qui s'est présenté. Comme nous ne devons embarquer que dans huit jours, nous sommes venus jusqu'ici manger nos avances.

— C'est fâcheux! très-fâcheux ! dit le commandant du Georges. J'aurais mieux aimé pour vous, vous voir en espérance de belles parts de prise plutôt qu'une misérable solde de caboteurs.

— Et nous donc! s'écria un second matelot. Ça nous aurait été un peu mieux, mais, comme dit Tom : on fait ce qu'on peut!

— Eh bien ! mais, insinua doucereusement Swindon, si vous rendiez vos avances au capitaine qui vous a engagés, vous seriez libres !

— Rendre nos avances! répondit Tom en riant. Eh bien, merci ! Vous croyez donc que le matelot roule sur l'or pour qu'il ait encore un schelling dans sa poche le lendemain du jour où il a touché un à-compte?

— Et... ces avances étaient-elles fortes?

— Une livre sterling par homme. »

Swindon sourit.

« Si vous aviez réellement envie d'embarquer sur le Georges, dit-il, l'affaire pourrait s'arranger.

— Comment cela ?

— Je suis le commandant du corsaire. »

Les quatre matelots se levèrent et saluèrent.

— Asseyez-vous, continua Swindon, et écoutez-moi. Vous êtes forts, vigoureux, alertes tous les quatre, vous me convenez. D'autant plus que je manque d'hommes. Voulez-vous que nous signions un engagement? Je vous rendrai les avances faites, et vous vous dégagerez. Cela vous convient-il ? »

Les matelots parurent se consulter du regard.

Puis Tom, se faisant l'orateur de la petite troupe, reprit, après un court silence :

« Dam ! ça nous irait tout de même. Seulement...

— Seulement quoi ?

— Faudrait convenir du prix d'engagement.

— Le double de ce que vous aviez, quelle que soit la somme que l'on vous allouait, » répondit carrément Swindon.

Tom et ses amis ouvrirent des yeux énormes.

Il était évident que la proposition magnifique du corsaire les éblouissait.

« Je les tiens ! pensa Swindon.

— Et quelles avances ? demanda encore Tom.

— Outre la livre par homme que je rembourserai, je vous en donne à chacun deux autres. »

Les matelots n'y tinrent plus.

« Ça nous va ! dirent-ils ensemble.

— Eh bien ! nous allons signer l'acte d'engagement, et ce soir vous coucherez à bord, dit Swindon en appelant le garçon, auquel il donna l'ordre de lui apporter de l'encre, des plumes et du papier d'engagement.

— Minute! interrompit Tom en arrêtant le corsaire. Je ne me suis jamais engagé et je ne m'engagerai jamais sans connaître le navire sur lequel je vais m'embarquer. Donc, avant de m'amarrer sur le Georges, il faut que je visite sa coque.

— C'est juste! dit Swindon, trop au fait des usages et des coutumes des matelots libres pour s'étonner de cette demande; c'est juste. Nous allons visiter ma barque. J'ai mon canot sur le quai. Venez. »

Les matelots se levèrent et suivirent le commandant.

Cinq minutes après, une embarcation les conduisait vers l'endroit où était mouillé le Georges.

« Vous voyez, disait Swindon en parant sa marchandise et en désignant du geste le navire qui se balançait gracieusement, vous voyez; c'est un bâtiment taillé pour la course et pour résister à la grosse mer. Regardez son taille-lame! Est-ce fin? Et ces agrès, cette mâture, est-ce soigné? Et puis, quelle belle capacité! quel beau tonnage! Il y a de la place dans ses flancs pour la cargaison de trois gros marchands français. Pouvez-vous désirer mieux ? »

Tom, en écoutant le corsaire, se passait la main sur le menton et échangeait avec ses compagnons un regard et un sourire que Swindon put prendre pour un heureux augure.

Le canot accosta.

Six hommes étaient sur le pont du Georges.

» Est-ce que c'est là tout votre équipage? demanda Tom.

— J'ai encore quatre hommes à terre.

— Diable! dit le matelot; mais avec nous quatre ça ne fait que quatorze, et il faudrait au moins soixante hommes pour manœuvrer ce navire.

— Je sais bien! je sais bien! répondit le corsaire en se grattant la tête. Je dois prendre, il est vrai, trente matelots qui m'attendent à Brighton avec mon second; mais il m'en faudrait encore engager une quinzaine d'ici à quelques jours. J'aurais voulu reprendre la mer après-demain.

— Écoutez, commandant, reprit Tom après un moment de silence; si vous êtes bon enfant et si vous ne rapinez pas trop, je puis vous proposer une bonne affaire.

— Laquelle, matelot? parlez vite ; vous avez vu que j'étais coulant.

— Eh bien! nous étions vingt-quatre engagés à bord du marchand de Pool. Donc, il reste vingt camarades là-bas.

— Et vous pensez pouvoir les décider?

— Dam! ça se pourrait tout de même.

— Si vous faites cela! s'écria Swindon, j'élève les avances à trois livres, et je les abandonne après le premier mois de mer.

— Ça va! dit Tom. Préparez les engagements. Nous signerons les nôtres et j'emporterai les autres à Pool. Vous me donnerez un canot. En trois heures nous serons là-bas, et nous pourrons vous ramener les amis cette nuit même ; ils coucheront sur le Georges.

— Très-bien ! très bien ! mon brave matelot, » répondit Swindon en souscrivant à tous ces engagements.

Le corsaire était dans l'enchantement.

D'un même coup il complétait son équipage, lui qui craignait, une heure auparavant encore, de ne pas trouver de matelots pour reprendre la mer.

Or, le temps passé dans un port, pour un

corsaire, est un temps perdu, et la première course du Georges avait été trop belle et trop fructueuse pour que son commandant n'eût pas le plus vif désir d'en recommencer promptement une seconde.

Swindon courut à sa chambre préparer les engagements.

Pendant ce temps les nouveaux engagés firent connaissance avec les gens de l'équipage, et visitèrent le bâtiment avec une minutieuse attention.

Le Georges, avons-nous dit, n'était pas encore déchargé : aussi les quatre matelots s'émerveillèrent-ils à l'énumération des richesses qu'il renfermait, richesses qui faisaient la joie de l'équipage, car chaque homme devait en avoir sa part.

Tom exprima le regret de n'avoir pas fait partie du bord pendant la dernière course, et émit le désir que la nouvelle qu'il allait partager fût aussi fructueuse.

Swindon appela les matelots.

Tom et ses trois compagnons ôtèrent respectueusement leurs bonnets et pénétrèrent dans le carré du commandant.

« Voici vos engagements et vos avances, dit Swindon en plaçant sur une table douze livres sterling et des papiers. Seulement, faites attention que j'ai mis là une clause qui vous interdit de rompre ce marché, même en me remboursant mon argent. Donc, à partir de ce moment, si vous manquiez à votre parole, vous seriez passibles de la justice maritime.

—Suffit! dit Tom, on n'y manquera pas.»

Les marins empochèrent les livres sterling et signèrent successivement les engagements.

« Maintenant voici ceux de vos futurs camarades, reprit le corsaire en remettant à Tom d'autres papiers et une bourse, puis leurs avances. Vous en êtes responsables tous quatre, et vous allez m'en signer le reçu. Vous prendrez mon grand canot et vous partirez ensuite; seulement il faudra que vous soyez ici dans la nuit. Le déchargement commencera demain au premier quart, et je n'aurai pas de trop des bras que vous devez m'amener.

— Qui nous recevra à bord? demanda Tom.

— Moi-même. Je coucherai cette nuit sur le Georges. Maintenant allez, mes braves, et faites vite! »

III

Les engagés.

Swindon conduisit ses nouvelles recrues jusqu'à l'escalier de bâbord, au pied duquel était le grand canot, monté par deux Anglais.

« Ce n'est pas la peine de fatiguer vos hommes, dit Tom en désignant les matelots; nous nagerons bien seuls. D'ailleurs la brise est belle pour aller, et, en revenant, nous aurons des canotiers de reste.

— Je te vois venir! répondit le corsaire en clignant de l'œil; tu as soixante livres dans ta poche, et si je ne te donnais pas des hommes de garde, tu pourrais filer ton câble avec mon argent. »

Tom se redressa.

« Je ne suis qu'un matelot, dit-il, mais je n'aime pas qu'on se défie de moi. Si c'est ainsi, reprenez votre argent, vos avances, et rendez-nous nos engagements.

— Allons! allons! j'ai tort et tu es trop vif! Mais en quoi ces deux hommes te gêneront-ils?

— Ils me gêneront en ce qu'en les voyant avec nous, celui qui nous avait engagés pourra se douter d'un coup, et que les camarades eux-mêmes s'en douteront aussi. Si vous vous défiez, il y a quelque chose de bien simple : gardez l'argent jusqu'à notre retour. Je vous promets d'amener les matelots sans ça. »

Swindon réfléchit.

« Tu as raison, dit-il enfin, garde tout. Je m'en rapporte à toi et à tes amis; d'ailleurs, il est vrai que j'ai besoin du peu de monde qui me reste. »

Et, sur un signe de leur chef, les deux Anglais remontèrent à bord.

Tom et ses camarades descendirent dans l'embarcation.

« A cette nuit! leur cria Swindon.

— Soyez sans crainte! répondit Tom. Que Dieu me damne si nous ne sommes pas exacts. »

Le canot s'éloigna.

Swindon le suivit de l'œil durant quelques minutes, puis il se disposa à retourner à terre.

« Qui ne risque rien n'a rien! murmura-t-il ; et puis quel intérêt auraient ces hommes à me voler? Par le temps qui court les ports d'Angleterre sont trop bien gardés pour craindre qu'ils filent plus loin que Pool; et d'ailleurs où trouveraient-ils des engagements pareils? »

Pendant ce temps le canot, s'éloignant rapidement, tenait le cap sur la pointe de Gosport, à la hauteur de laquelle il devait prendre le vent qui le poussait dans le canal, droit sur Pool.

Cette manœuvre était tellement naturelle qu'elle acheva de rassurer complètement le corsaire,

Swindon sauta donc dans sa yole, plus heureux que jamais, et s'apprêta à aller faire un succulent repas en conséquence de sa bonne fortune.

Son équipage au complet, il n'avait plus rien à désirer.

Les marins du Georges, enchantés eux-mêmes de la perspective de voir presque tripler leur nombre, ce qui promettait de diminuer considérablement les fatigues dont les menaçait le déchargement, se réjouissaient aussi en bénissant le hasard.

Quant au canot, il filait toujours plus rapide sous les avirons vigoureusement maniés.

Tom et ses amis n'avaient pas échangé un mot depuis leur départ du Georges ; mais l'expression de leur visage parlait pour eux.

La joie, l'ironie, l'audace, brillaient dans les regards des quatre hommes.

« Tonnerre de Brest ! s'écria brusquement l'un d'eux en excellent français, la chose marche comme sur des roulettes ! Qu'en penses-tu, Ripeaut ?

— Je pense, Surcouf, répondit le corsaire, que l'armateur qui a fait fréter le Georges ne se doute pas des rudes campagnes qu'il fera !

— Ah ! fit un troisième rameur, qui n'était autre que Lioris, décidément William est fidèle !

— Le brave Irlandais ne nous avait pas trompés, répondit Surcouf. Il nous avait bien renseignés et sur la situation du navire et sur le désir du commandant d'engager des hommes à quelque prix que ce fût.

— Quelle brute ! ajouta Ripeaut de Monteaudevert en riant gaiement ; il ne s'est pas méfié un seul instant.

— Et comment veux-tu qu'il se méfie ? Nous parlons sa langue aussi purement que lui, nous avons l'air de bons matelots puisque nous le sommes en effet, et nos costumes sont d'une vérité scrupuleuse.

— D'ailleurs, reprit Lioris, qui oserait seulement soupçonner, dans toute l'Angleterre, que des Français aient l'audace de venir se promener à Cowes ? Le transport-office fait rechercher les évadés ; mais jamais il ne pensera que nous soyons restés en pleine baie à ciel découvert.

— Parbleu ! dit Surcouf, le commandant du Georges doit croire lui et son navire tellement en sûreté ici, qu'il est bien excusable de ne prendre aucune précaution. Aussi la frégate tombera-t-elle entre nos mains avec autant de facilité que je cueillerais une pomme à un arbre dans mon jardin de Saint-Malo.

— Sans doute. Il ne s'agira que de passer sous les canons des forts et sous ceux de la flotte.

— Bah ! nous rendrons bordée pour bordée ; cela nous sera facile.

— Et dire, s'écria joyeusement Lioris, que nous enverrons aux Anglais des boulets anglais, fondus par eux, dans des canons portant la marque de Portsmouth ! C'est que la soute du Georges est bien garnie. Pas vrai, Gatifet ? »

Gatifet, le dernier des quatre personnages qui venaient de jouer leur rôle d'une si merveilleuse façon devant Swindon, n'avait pas encore prononcé un mot.

Le pauvre garçon parlait mal l'anglais, et il avait eu peur de compromettre ses amis.

Mais cette fois, comme la conversation avait lieu en français et que la mer était libre autour du canot, il releva vivement la tête.

« Oui, dit-il ; et, si Dieu le permet, nous la viderons rapidement.

— Passe-moi ma lorgnette, Gatifet, » dit

tout à coup Surcouf qui, depuis quelques instants, regardait avec fixité un point de l'horizon.

Gatifet obéit..

Le canot se trouvait alors à portée de fusil du premier ponton.

« Tonnerre de Brest! s'écria le marin, je ne me trompe pas! C'est bien un morceau de drap rouge que je vois flotter là-bas, cloué au gouvernail de notre barque de pêche, à la hauteur du Britannia! Regarde, Ripeaut! »

Ripeaut de Monteaudevert prit l'instrument d'optique et le braqua dans la direction indiquée.

« Tu ne te trompes pas, dit-il.

— Alors, reprit Surcouf, courons une bordée le long des côtes, il faut que j'aille à terre. Vous, après m'avoir débarqué, vous continuerez votre route dans le canal. Swindon pourrait nous espionner, et il ne faut pas qu'il ait un doute sur nous! Vous feindrez donc de prendre la route de Pool.

— Mais où iras-tu? demanda Lioris.

— A terre d'abord, je te l'ai dit. Là, je prendrai un canot et j'irai joindre Marcof.

— Marcof! s'écria Ripeaut.

— Marcof! répétèrent les autres.

— Eh oui! continua Surcouf; ne saviez-vous pas que Marcof était à bord des pontons?

— Marcof était prisonnier! Mais à bord de quel ponton? demanda Lioris.

— A bord du Britannia.

— Pas possible!

— Quoi! vous ne l'avez pas reconnu? Il paraît alors qu'il était déguisé aussi bien qu'il me l'avait écrit. Il se cachait sous le nom d'André.

— André! s'écrièrent les marins. Celui que nous avons pris pour un espion! »

Surcouf se mit à rire.

« Tonnerre! s'écria-t-il, je reconnais bien là mon brave ami! Il a su vous tromper tous. Mais je vous expliquerai le reste plus tard; pour le moment, j'ai quelque chose de plus pressé à faire. La côte est à quelques brasses, ne vous occupez pas de moi. Mettez le cap sur Pool, et que je vous trouve à la pointe de Gosport à la nuit fermée. »

Et le corsaire, enjambant le bordage du canot, se laissa glisser à la mer et gagna la terre à la nage.

Ripeaut, Lioris et Gatifet, mal remis encore de leur stupéfaction, demeurèrent immobiles, laissant aller le canot à la dérive.

« Et moi qui recommandais à Lacousinnerie de veiller sur lui ? s'écria Ripeaut.

— C'est le diable, que ce Marcof! répondit Lioris. Quelle nature! Tonnerre! c'est un brave gars, et il tient maintenant ce qu'il promettait jadis, lors des guerres de la chouannerie.

— Tout nous favorise! reprit Ripeaut, et je crois que le bonheur nous revient. Pas vrai, Gatifet ?

— Le bonheur ne sera revenu pour moi que quand je reverrai Marthe! » répondit le marin en secouant la tête.

Pendant que le canot reprenait sa route vers Pool, Surcouf avait atteint la côte.

Une assez grande quantité d'embarcations, appartenant soit aux pêcheurs de Gosport, soit aux navires en rade, étaient amarrées à une petite distance du point désert où il avait abordé.

Surcouf, sans se préoccuper des vêtements mouillés qui le couvraient, sauta dans l'une d'elles.

C'était une barque de petite dimension, armée de filets et de tous les engins de pêche.

IV

Les deux Malouins.

Si le lecteur se rappelle ce que nous avons dit au sujet de l'agitation perpétuelle régnant dans la baie de Portsmouth, il ne s'étonnera pas qu'un homme seul, vêtu du costume ordinaire des matelots anglais, ayant toutes les allures d'un pêcheur et montant un canot anglais, ne pût attirer l'attention des deux ou trois cents chaloupes qui se croisaient incessamment du nord au sud et de l'est à l'ouest.

Le corsaire était là presque aussi en sûreté que dans un port de France.

L'évasion de la nuit précédente était un fait trop peu extraordinaire pour que l'émotion causée quelques heures auparavant dans la ville et dans la baie se prolongeât durant la journée.

D'ailleurs, qu'importait au public anglais la présence ou l'absence de six Français de plus ou de moins à bord d'un ponton.

Seul, le transport-office y songeait encore.

Ainsi que l'avait appris à sir Georges l'officier du Protée, des ordres avaient été donnés en conséquence.

La police de la côte était sur pied et veillait avec une inquiète sollicitude, qu'augmentait encore la promesse de la récompense accordée à tout sujet de Sa Majesté Britannique qui arrêterait un Français évadé des pontons.

Mais Lioris avait raison : qui donc aurait pu supposer que dans la rade, en plein jour, un Français eût eu l'imprudence de naviguer, rasant à tous moments canots et chaloupes, navires de commerce et vaisseaux de **guerre** ?

Pour cela, il aurait fallu connaître toute l'étendue du complot organisé à bord du Britannia, il aurait fallu surtout être instruit de la présence à Portsmouth des deux plus redoutés corsaires de France.

Or, parmi les Anglais du transport-office, personne n'avait un soupçon à cet égard.

Seul, sir Georges connaissait une partie de la vérité, mais nous avons vu que loin de vouloir nuire à Marcof et à Surcouf, il était prêt à les secourir.

Malheureusement, le brave gentlemen n'était plus libre d'agir.

Consigné à bord de son ponton, il rongeait son frein en déplorant amèrement de ne pouvoir rien faire pour ceux envers lesquels il avait contracté, dans une circonstance inconnue de tous excepté de Cœlia, une dette sacrée de reconnaissance.

Une lueur d'espoir, qui avait brillé dans ses yeux comme un éclair rapide, lorsqu'il se dirigeait vers le port en compagnie de l'officier du transport-office, avait ranimé durant une seconde sa physionomie abattue, mais il avait sans doute reconnu bientôt la folie de ce qu'il avait un moment rêvé, car, arrivé sur le Protée, sa belle tête penchée sur sa poitrine portait l'empreinte d'une tristesse profonde.

Il sentait que la Providence seule pouvait venir en aide au courage et à l'audace des corsaires.

Descendu dans son appartement, après avoir donné à son second quelques ordres insignifiants, il s'était assis près d'une fenêtre et il suivait d'un œil vague le vol des oiseaux rasant de leurs ailes les eaux noirâtres de la baie.

Peut-être songeait-il à la malheureuse femme qu'il avait laissée agonisante dans son cottage et, qui, elle, aurait pu le mettre sur les traces de ceux qu'il cherchait, lorsque son regard rencontra à quelque distance une pauvre petite barque de pêche qui venait droit sur les pontons.

Sans se rendre compte du sentiment sous l'empire duquel il se trouva subitement, Georges concentra son attention sur le frêle esquif.

La barque filait rapidement, ses voiles gonflées par une belle brise et son avant plongeant dans l'écume qu'il séparait en s'avançant.

Un matelot, debout à l'arrière, maintenant à l'aide de la jambe droite la barre du gouvernail, préparait de ses deux mains de vastes filets encore humides, tout en chantant une complainte écossaise.

Le canot arrivé à la hauteur de la tête de la ligne des pontons, le pêcheur imprima au gouvernail un mouvement qui, changeant la direction de son embarcation, lui fit longer les prisons flottantes.

Le Protée était ancré le quatrième.

La barque filait toujours plus rapide que la mouette, et sir Georges, attiré malgré lui de plus en plus, la suivait toujours avec une tentation croissante.

Enfin elle atteignit le Protée et passa à une brasse de la galerie extérieure du ponton.

Georges se jeta en avant, puis, se levant d'un bond, il étouffa un cri et demeura la bouche entr'ouverte, comme s'il venait d'être frappé par une soudaine attaque de paralysie.

La barque était passée : le charme parut alors se rompre, et le commandant anglais se laissa retomber sur le siége qu'il avait quitté avec un mouvement convulsif.

« Impossible !... murmurait-il, impossible!... ce n'est pas lui.... et cependant je l'ai reconnu, j'en suis sûr! Lui, en plein jour! parcourant la ligne des pontons au risque de se livrer lui-même, car c'est Surcouf!... Oh! ses traits sont trop profondément gravés là pour que je me sois trompé! »

Georges, en proie à la plus vive agitation, se releva alors et parcourut d'un pas saccadé le petit salon de son carré, puis, saisissant une longue-vue, il ouvrit la porte et parut prêt à s'élancer sur les marches de l'escalier conduisant sur le pont, mais il s'arrêta subitement.

« Le suivre des yeux là-haut, pensa-t-il, ce serait vouloir le donner pour point de mire à toutes les lorgnettes du bord. »

Et, refermant vivement la porte, il revint à la fenêtre dont il enjamba la barre d'appui.

Avec l'adresse et le sang-froid d'un marin, il se glissa sur l'espèce de corniche extérieure qui domine chaque batterie, jusque sous le couronnement, et là, caché par la chaloupe suspendue à l'arrière, il dirigea l'instrument d'optique sur la barque de pêche qui suivait toujours la même route.

Sir Georges ne s'était pas trompé, c'étai

bien Surcouf qui, imitant à s'y méprendre les allures d'un matelot anglais, gouvernait hardiment en suivant la ligne des pontons, chantant toujours sa complainte avec ce ton nasillard particulier aux marins.

Bientôt il atteignit la grande barque de pêche derrière le gouvernail de laquelle Marcof avait trouvé un abri lors de sa fuite du Britannia.

A la tête de la mèche était encore appendu le petit morceau de drap rouge qui avait éveillé l'attention du marin.

Sur le pont de cette barque, trois hommes étaient occupés à raccommoder des filets.

Tous trois, en entendant la chanson écossaise, dressèrent vivement la tête : l'un d'eux s'approcha du bastingage, se pencha sur la mer, et, saisissant une amarre roulée à l'arrière, la lança à l'embarcation qui arrivait.

Surcouf reçut le bout de corde, l'enroula au pied du mât de son canot, et, halant dessus, vint se ranger bord à bord avec le bâtiment pêcheur.

Il grimpa lentement sur le pont.

« Bonjour Williams ! dit-il en anglais au

matelot qui lui avait jeté l'amarre. Tu es toujours fidèle, à ce que je vois?

— Un Irlandais n'a que sa parole, répondit le pêcheur. D'ailleurs, pourquoi vous trahirais-je, je vous dois tout et je hais les Anglais.

— Bien, mon vieux! Maintenant, quelles nouvelles?

— Un homme est venu à bord, il y a une heure et demie, et m'a fait mettre le signal convenu. J'ai obéi, il avait le mot de passe.

— Et où est cet homme?

— Dans la cabine. Il déjeune : il mourait de faim, je l'ai servi moi-même.

— De mieux en mieux. Toi, enlève le drap rouge. Il pourrait exciter les soupçons des Anglais.

— Oh! dit le pêcheur, ne craignez rien. C'est une habitude que nous avons en Irlande, de mettre ce chiffon au gouvernail pour conjurer les mauvais esprits de la mer. Les Anglais le savent bien. »

Surcouf fit un geste d'assentiment et se dirigea vers l'écoutille ouverte, en envoyant un salut amical aux deux compagnons du pêcheur, dont l'un n'était autre que le vieux Mal-en-Train.

Un homme était dans la cabine, placé face à face avec un énorme morceau de beuf salé, auquel il avait déjà pratiqué de larges entailles.

Cet homme était Marcof.

Surcouf entra et referma soigneusement la porte.

Marcof se leva comme s'il eût été mû par un ressort.

Tous deux demeurèrent immobiles et muets.

Ils étaient tous deux pâles de joie et de bonheur.

Leurs yeux se mouillèrent et leurs mains frémissantes, tendues en même temps, se rencontrèrent.

Alors on eût dit un choc électrique.

Ces deux admirables types de tout ce que la nature peut humainement engendrer de puissant et de fort, ces deux colosses de vigueur et de courage, ces deux génies de la guerre maritime éclatèrent en sanglots sans pouvoir prononcer une parole.

Les bras entrelacés, la poitrine rapprochée, la tête penchée sur l'épaule, les deux corps confondus enfin dans une étreinte furieuse, ils demeurèrent longtemps sans que le calme pût se faire dans leur âme.

Surcouf et Marcof étaient amis intimes, et depuis plus de trois ans et demi ils étaient séparés !

Les tempêtes, les combats, les dangers de toutes sortes s'étaient d'abord mis entre eux, puis les Anglais et leurs pontons avaient élevé de nouvelles barrières.

Enfin ils se retrouvaient, et cette fois encore c'était au jour du danger !

Marcof se dégagea lentement.

« Depuis Quiberon, dit-il, depuis la nuit fatale où j'ai vu tomber autour de moi mes meilleurs compagnons, où j'ai juré une haine éternelle à l'Angleterre, mes yeux n'avaient pas senti les larmes humecter leurs paupières.

— Et moi, répondit Surcouf, je crois que je n'avais jamais pleuré ! »

Puis se reculant pour mieux contempler son compagnon et jetant sur lui-même un regard de complaisance :

« Tonnerre de Brest ! ajouta-t-il, si les Anglais nous savaient tous deux au milieu de la rade de Portsmouth, crois-tu pas qu'ils donneraient bien des millions pour nous y retenir ?

— Oui ! répondit Marcof avec orgueil, car toi et moi nous avons fait plus de mal à l'Angleterre que toutes les flottes réunies de l'Empire !

— C'est ce que je disais à l'Empereur lui-même, il y a quinze jours.

— Tu as vu l'Empereur ? s'écria Marcof en se rapprochant vivement.

— Oui, je l'ai vu et je lui ai parlé.

— Où cela ?

— A Saint-Malo, à bord même de ma frégate.

— Quoi ! il est venu à ton bord !

— Oui et c'était beau, va ! Tu sais, cet homme ! Il vous retourne ! Il avait entendu parler de Robert Surcouf à ce qu'il paraît. Alors il est arrivé un matin à Saint-Malo, sans faire annoncer sa venue, rien ! Il est monté à mon bord. Il voulait voir un bâtiment corsaire. Et tous mes vieux matelots qui cent fois avaient bravé la mort, souriant au danger et rugissant de joie au milieu des boulets, ont pâli sous l'éclair de cet œil au regard fascinateur. Il n'a pas dit un mot d'abord, il a regardé, et puis ç'a été comme une traînée de poudre : tout s'est enflammé sous ce regard, têtes et cœurs ! Ç'a été un cri, mais un cri à déchirer toutes les poitrines, un cri dominant les trépignements d'enthousiasme et le bruit du canon des forts qui tonnaient sans relâche, un cri qui aurait dû être entendu des Anglais jusqu'au fond du palais de Saint-James. Il a porté la main à son chapeau, il a salué. Alors, Bervic et Mal-en-train ont amené la drisse du pavillon. Tu sais, mon pavillon, toujours le même depuis dix ans, celui qui a fait toutes mes campagnes, dont le bleu est devenu gris sous les coups de mer, dont le blanc est devenu noir sous la fumée de la poudre et dont le rouge a été découpé par les boulets anglais; ce vieux drapeau de la France qui ne s'est jamais abaissé, qui a surmonté cinquante fois les couleurs ennemies renversées et qui, lambeau vénérable, ne forme encore un tout qu'à l'aide d'un miracle accompli par mes voiliers. Et quand les deux maîtres se sont approchés, avec leurs cheveux blancs, leur figure rouge d'émotion toute sillonnée de cicatrices profondes, portant avec précaution ce pavillon déchiré qui sentait la victoire, l'Empereur a fait un pas, il a ôté tout à fait son chapeau, et il s'est incliné avec un respect profond. Puis il a pris le pavillon et l'a porté à ses lèvres. Alors, mes servants ont bondi, sans ordre, sur leurs caronades, et la Confiance s'est enveloppée d'un nuage de fumée comme au plus fort d'un combat. Cette fois, l'homme de bronze était ému. D'une main il a arraché un morceau du rouge du pavillon, de l'autre il a pris la croix qui pendait sur sa poitrine, et il a placé l'un et l'autre sur mon uniforme. Tiens, Marcof, les voici ! »

Et Surcouf entr'ouvrant sa veste, laissa voir le symbole de l'honneur brillant sur sa chemise de laine.

Marcof avait oublié les pontons. Il écoutait.

Surcouf reprit :

« Mes hommes pleuraient, moi je ne pouvais pas. Ça me faisait l'effet comme si j'avais avalé mon sabre. J'étais stupide, je tremblais. C'était la première fois. L'Empereur m'a fait signe de le suivre à l'arrière. Là, nous étions seuls.

— Monsieur Surcouf, m'a-t-il dit de cette voix brève et sympathique qui lui est particulière, vous connaissez mieux que personne l'état de la guerre maritime? Quel est votre avis?

« — Sire, ai-je dit à mon tour, voici les tableaux du Lloyd de Londres qui ont été publiés récemment. Ils répondront pour moi. Lisez! Voyez les résultats que la course a donnés du côté des Anglais et du nôtre.

— Ces tableaux que je t'ai fait passer, interrompit Marcof.

— Oui, je les ai encore, regarde ! »

Et Surcouf prenant un portefeuille, en tira des papiers qu'il étendit sur la table.

Marcof les ouvrit vivement.

Les chiffres que portaient ces tableaux étant strictement historiques, nous les transcrivons ici, tels que les donne le Lloyd, pour les cinq premières années de la guerre.

Prises faites par :	les Anglais,	les Français.
1793	63	261
1794	88	527
1795	47	502
1796	63	414
1797	114	562
Totaux	375	2266

Différence en faveur des corsaires français : 1891 prises.

Pendant que Marcof examinait ces chiffres éloquents pour notre gloire, Surcouf continua :

« Maintenant, Sire, ai-je ajouté en m'adressant toujours à l'Empereur, la dette de la marine anglaise était déjà en 1797 de 6,093,414 livres sterling, soit environ de 150 millions de francs. Or, depuis dix ans, le chiffre des prises faites par les Anglais a suivi les proportions précédentes, celui des nôtres a triplé. Calculez maintenant ce que doit coûter à l'Angleterre la course française, et vous verrez que vos corsaires ont aussi bien vengé les désastres d'Aboukir et de Trafalgar, qu'autrefois Jean Bart avait vengé celui de la Hougue !

— Et que concluez-vous? demanda Napoléon.

— Je conclus, ai-je répondu hardiment, je conclus, Sire, qu'à votre place, je brûlerais tous mes vaisseaux de ligne, que je ne livrerais jamais de combats aux flottes et aux escadres britanniques, mais que je lancerais sur toutes les mers une multitude de frégates et de bâtiments légers qui auraient bientôt anéanti le commerce de l'Angleterre, et la mettraient ainsi à votre discrétion (1).

(1) Paroles historiques dites par Robert Surcouf à Napoléon I".

— Notre rêve ! dit Marcof.

— Oui !

— Et qu'a répondu l'Empereur ?

— Il a penché sur sa poitrine sa tête intelligente. « Vous avez raison, monsieur, a-t-il dit, mais je ne puis, pour l'honneur même de la France, anéantir ma marine militaire. Que vous et vos amis continuent à servir dignement le pays comme vous l'avez fait jusqu'ici, et soyez convaincus que vous atteindrez le but que vous vous proposez et qui est celui auquel doit tendre tout vrai Français ! » Alors l'Empereur m'a tendu la main, a salué mes hommes et s'est retiré. Le soir même j'organisais mon expédition pour Portsmouth.

— C'est vrai, dit Marcof en revenant à la situation présente, j'oubliais nos frères, je me croyais en France. Plus tard nous tâcherons de déterminer l'Empereur à suivre notre plan, mais avant tout, sauvons les malheureux qui comptent sur nous. Parle vite ! Qu'as-tu fait? Quels sont tes projets, les moyens d'exécution ?

— Le hasard m'a merveilleusement servi, répondit Surcouf, j'avais fait confectionner à terre des uniformes anglais. Moi, Mal-en-train, Bervic et quinze autres hommes que je puis à ma volonté faire passer au milieu du feu, nous nous déguisâmes avec soin, puis la nuit venue, nous prîmes la mer sur cette barque de pêche conquise la veille dans les eaux de Jersey. Nous parlions tous anglais et le pavillon britannique flottait à l'arrière. Nous comptions résolûment mettre le cap sur l'île de Wight. Peut-être notre hardiesse nous eût-elle été fatale, mais le bon Dieu nous protégeait. Sous la longitude de Darmouth environ, nous fîmes la rencontre d'une barque de pêche montée par trois hommes et dont nous nous emparâmes sans coup férir.

A peine le patron nous eut-il reconnus pour des Français qu'il se précipita à mes pieds :

— Prenez tout mon poisson, me dit-il d'une voix suppliante, mais, par grâce, ne me privez pas de mon bateau : c'est toute ma fortune; je n'ai que cette ressource pour nourrir ma famille. Je navigue avec mes deux aînés, je suis trop pauvre pour prendre un aide. Ne nous privez pas de la liberté, ma femme et mes autres enfants mourraient de faim.

En écoutant le pêcheur j'avais été frappé de son accent.

— Est-ce que tu es Anglais ? lui demandai-je.

— Anglais ! répéta-t-il avec hauteur, comme si ma question eût été une insulte. Non, non, je suis Irlandais !

— Alors tu viens de Dungarvan ou de Ballhyack?

— Non, je viens de Gosport où j'habite.

— Tu habites dans la baie de Portsmouth?

— Oui.

— Comment cela se fait-il ?

— Cela se fait parce qu'autrefois j'étais riche et heureux sur ma terre natale ; que, sous un prétexte politique, les Anglais m'ont dépouillé, chassé et transporté loin de mon pays. Alors je me suis établi à Gosport, et depuis ce temps, je pêche pour nourrir ma famille. »

En entendant ces mots, tout un plan se forma dans ma tête.

« Tu ne dois pas aimer les Anglais? repris-je.

— Moi ? s'écria le pêcheur, je les hais.

— Très-bien alors. Tu me serviras.

Écoute ! Je me nomme Robert Surcouf, et je vais à Portsmouth délivrer des amis qui pourrissent sur les pontons. »

Le pauvre homme me regarda avec stupéfaction.

« Surcouf le corsaire ? répéta-t-il.

— C'est moi-même.

— Et vous voulez délivrer des Français ?

— Oui. »

Le pêcheur secoua la tête.

« Les prisonniers sont bien gardés ! dit-il.

— Ceci est mon affaire. Veux-tu me servir ? »

Il hésita.

« Écoute, ajoutai-je, je t'ai dit mon nom et mes projets : tu comprends donc que tu m'appartiens. Cependant j'ai une proposition à te faire : dans ce portefeuille il y a cent mille francs en excellents papiers de France. Si tu veux me servir, ils seront à toi le jour où je tenterai le grand coup.

— Faudra-t-il me compromettre ? demanda-t-il.

— Mais un peu, répliquai-je, seulement songe que la somme est forte, que je te la promets, et que jamais Surcouf n'a manqué à sa parole. »

Le pêcheur réfléchit.

Puis il releva la tête : sa résolution était prise.

« J'accepte ! dit-il. Foi d'Irlandais, je vous serai fidèle quoi qu'il arrive. »

Alors je gardai le pêcheur à mon bord, et je fis passer huit hommes sur sa barque où étaient ses deux fils.

Notre rendez-vous était à Gosport, chez l'Irlandais.

Son embarcation devait suivre la côte de Yarmouth, et moi je m'apprêtai à doubler la pointe Sainte-Catherine.

Le lendemain nous nous étions rejoints.

L'habitation du pêcheur était admirablement disposée pour nous cacher.

Sept de mes hommes s'installèrent dans une cave profonde dont l'accès fut habilement dissimulé à l'aide de cordages, de toiles à voiles, et de vieux filets.

Les autres demeurèrent provisoirement à bord de cette barque.

Je relus la lettre que tu m'avais fait parvenir à Saint-Malo, et la nuit venue, suivant les instructions que tu me donnais, je me rendis à l'extrémité de la pointe de Gosport, je comptai trois pointes de rochers en partant de la mer, et sous la septième pierre à ma gauche, je trouvai ta seconde missive.

Du diable si j'ai jamais pu comprendre comment tu l'avais fait placer là !

— J'avais acheté la complicité d'un aide-fournisseur, répondit Marcof, et, sans lui rien révéler, je le faisais agir. Je lui avais donné cinq cents livres sterling, lui promettant la même somme s'il m'obéissait aveuglément durant un mois.

— Cinq cents livres ! répéta Surcouf. Et où les avais-tu prises ?

— Dans la bourse même des Anglais. Je m'étais fait leur espion pour mettre le grappin sur leur confiance et sur leur argent.

— Et tu avais réussi ?

— Pardieu !

— Mais si les prisonniers, ignorant tes sublimes intentions, t'avaient accusé de trahison ?

— C'est ce qui est arrivé ce matin, et c'est pourquoi je suis ici !

— Il y a donc du nouveau ?

— Oui ! La révolte a éclaté à bord du Britannia et cette fois la chose est sérieuse. Si nous n'agissons pas cette nuit même, demain matin Lacousinnerie et onze autres seront pendus.

— Tonnerre ! Ils n'oseraient !

—Ils oseront! Ainsi, agissons! Es-tu prêt?»

Surcouf raconta rapidement son expédition du matin à bord du Georges, et son intention d'enlever le riche corsaire.

Marcof écouta avec une joie manifeste.

« Très-bien ! s'écria-t-il. Cette idée d'avoir fait amarrer cette barque de pêche sur laquelle nous sommes au milieu des pontons et tes engagements avec le capitaine du Georges sont des traits de génie. A nous enfin la liberté et la vengeance ! Tu as des uniformes anglais quelque part?

— J'ai ici même, dans ce coffre, huit habits complets de soldats d'infanterie, douze uniformes de marins et cinq d'officiers.

— Bravo ! fais préparer seulement les vêtements des soldats.

— Tu as donc ton plan ?

— Oui !

— Explique-le moi !

— Le voici. »

Et Marcof attirant sa chaise près de celle de Surcouf, se pencha vers son ami pour lui parler à voix basse.

V

Les facéties du docteur Weis.

Ce même jour, vers six heures du soir, l'estimable commandant du Britannia, revêtu de son plus brillant uniforme, sonnait à la porte de la maison de son digne ami le docteur Weis.

Rawlow dînait chez le médecin des pontons qui avait rassemblé quelques intimes pour célébrer une petite fête de famille.

Les convives étaient au nombre de six.

« Arrivez donc, cher commandant? s'écria Weis en voyant Rawlow entrer dans son salon, vous êtes le dernier et vous avez failli être en retard.

— J'ai été retenu à bord, répondit le marin en saluant à la ronde.

— Encore quelques diableries de vos rascals, je parie?

— Précisément. Ces chiens n'avaient-ils pas ce matin même jeté à l'eau ce malheureux André.

— Votre espion?

— Oui.

— Est-ce qu'il s'est noyé?

— Non, par bonheur! mais le misérable avait une telle peur de ses camarades, qu'il s'était blotti derrière le gouvernail d'une barque de pêche, et qu'il est demeuré là plus de quatre heures, malgré le froid, se dérobant aux recherches de mes canotiers, uniquement dans la crainte d'être reconduit à bord.

— Enfin il y est revenu?

— Oui, on a fini par découvrir sa cachette et je l'ai fait réintégrer dans la batterie. Tant pis pour lui, après tout, si les autres l'assomment. Que ces chiens s'entre-tuent, peu m'importe!

— Il ne peut donc plus vous servir?

— Non, puisque ses camarades connaissent maintenant sa profession.

— Oh alors! je comprends votre insouciance. Mais le caporal Peters, n'était-il pas perdu aussi?

— Oh! quant à celui-là, dit Rawlow, je suis convaincu que les rascals l'auront tué pendant la révolte et qu'ils auront lancé son corps à la mer, car on n'a pas pu le retrouver en dépit des recherches les plus minutieuses.

— Le diable ait son âme! répondit Weis. Cela ne nous empêchera pas de bien dîner. Ah çà! cher ami, vous ne retournez pas à bord ce soir, je suppose?

— Non vraiment. Mes ordres sont donnés pour l'exécution de demain. A huit heures, les chiens seront pendus, mais jusque-là je suis tout à vous.

— A propos, reprit Weis, vous savez que sir Georges a voulu donner sa démission?

— Non... et pour quel motif?

— Pour ne pas signer la réception de l'ordonnance du conseil de régence, disait-il, mais moi je soutiens que le motif qui l'a fait agir est tout autre.

— Bah ! Lequel donc.

— La peur.

— La peur ? dit Rawlow.

— La peur ! répéta Weis en souriant hypocritement. Cette nuit je lui ai annoncé l'invasion de la fièvre jaune à bord de son ponton, et ce matin il se démet de son commandement.

— C'est juste ! s'écria Rawlow enchanté de prendre pour véritable le lâche motif inventé par l'odieux docteur. Il faudrait faire savoir cela à l'amirauté.

— J'ai dit ma façon de penser aux membres du transport-office, et devant sir Georges lui-même.

— Eh bien ?

— Eh bien ! sir Georges a été sévèrement réprimandé, et on l'a maintenu dans son commandement.

— Bravo ! Tout va bien ! »

Rawlow et Weis échangèrent un aimable sourire, et tous deux se frottèrent les mains.

La haine qu'ils portaient à leur noble compatriote allait bientôt être en partie satisfaite.

Aussi, les deux amis se mirent-ils à table dans les meilleures dispositions.

Nous ferons grâce au lecteur des détails de ce dîner.

Les invités de Weis étaient à peu près aussi estimables que leur hôte, aussi les chiens, les rascals de Français firent-ils les frais de la spirituelle conversation, qui se termina par la proposition que fit Rawlow à ses amis, d'assister le lendemain matin à la pendaison aux vergues du Britannia de Lacousinnerie, et des onze autres victimes de l'ordonnance nouvelle, proposition qui fut accueillie avec empressement.

A onze heures du soir, le clairet faisant merveille après les liqueurs, les convives devinrent tour à tour lugubres comme des fossoyeurs.

La gaîté anglaise était à son comble, lorsqu'on servit un panier de porto.

Alors l'ivresse ne connaissant plus de bornes, peu s'en fallut que les joyeux buveurs n'entonnassent le « De Profundis »; heureusement, les lois de l'église réformée, à laquelle tous appartenaient, s'opposaient à cet élan de bonne humeur.

Ils se contentèrent donc de garder un profond silence dont profita habilement l'ange du sommeil pour secouer ses pavots symboliques sur la nappe maculée de taches vineuses.

A onze heures et demie un bruit régulier, attestant l'accord de puissantes respirations, faisait trembler les échos de la salle.

Weis releva doucement la tête et promena sur les convives son regard de fouine : tous dormaient avec un accord digne d'éloges.

Le petit docteur se levant alors doucement, glissa à pas de loup sur le tapis, fit le tour de la table et alla frapper légèrement sur l'épaule du commandant du Britannia, lequel, la tête dans ses bras et ses bras sur la table, ronflait à rendre jaloux une pièce de huit.

Rawlow, sous la pression du docteur, secoua son torse comme le cheval qui veut chasser un moucheron.

Weis se pencha vers lui :

« Commandant ! fit-il.

— Hou ! grommela Rawlow.

— Mon cher commandant...

— Au diable !

— Mon digne ami....

— Laissez-moi dormir !

— Hé! il s'agit bien de dormir! dit Weis avec impatience et en secouant un peu plus rudement son interlocuteur.

— De quoi s'agit-il donc? demanda Rawlow en faisant un effort pour se réveiller.

— Des rascals!

— Des rascals?

— Et de la jolie petite Française qui vous tient si fort au cœur!

— Hein! s'écria le commandant en se dressant sur ses pieds.

— Chut! fit Weis en désignant les convives.

— Que disiez-vous donc?

— Qu'il était question de la charmante Bretonne.

— Eh bien!

— Elle est chez sir Georges, vous savez?

— Sans doute.

— Elle vous a échappé....

— Eh! fit Rawlow avec un dépit voisin de la colère, si c'est pour me raconter cela que vous m'avez réveillé, vous pouvez bien aller à tous les diables de l'enfer!

— Nous ferons ce voyage ensemble un jour ou l'autre, mon gracieux ami, répliqua le petit docteur en souriant de son mauvais sourire, mais pour le présent, il n'est question que d'aller moins loin.

— Et où donc faut-il aller ?

— Au cottage de sir Georges.

— Au cottage de sir Georges ? répéta Rawlow avec une intonation qui prouvait que s'il faisait de louables efforts pour comprendre ce que lui disait son interlocuteur, il était loin d'atteindre le but vers lequel il tendait.

— Eh oui ! au cottage de sir Georges !

— Pourquoi faire ?

— Pour aller y chercher la jolie Française afin de la ramener à Portsmouth.

— Ah çà, permettez, docteur, je ne comprends absolument rien à ce que vous me débitez là.

— C'est cependant bien simple ! Voyons ! La petite vous paraît toujours agréable, hein ?

— Je l'avoue.

— Vous seriez bien aise de l'avoir à votre discrétion ?

— Oui, fit Rawlow en accompagnant cette affirmation d'un soupir capable de gonfler la voile d'un canot.

— D'un autre côté, vous seriez bien aise aussi d'être désagréable à sir Georges et de contribuer un peu à le voir au plus mal avec le ministère.

— Sans doute, mais je....

— Laissez-moi achever ! interrompit Weis. En allant au cottage, nous ramenons la Française ici, nous la tenons et nous la faisons parler. Elle est la compagne de l'un des évadés. Elle a évidemment eu connaissance de l'évasion ; dans tous les cas on lui prouvera sa complicité. Sir Georges en la recueillant, en la gardant, a servi les ennemis de l'Angleterre... Je me charge de tirer toutes ces conséquences d'un premier interrogatoire. Donc, notre but est atteint. Comprenez-vous ?

— A peu près.

— C'est heureux !

— Mais... commença le commandant.

— Mais quoi ? répliqua vivement le docteur.

— Mais ce n'est pas tout que d'aller au cottage, il faut y entrer.

— On y entrera.

— Le domicile d'un Anglais est sacré !

— Sans doute, mais supposez-vous qu'on

nous refuse la porte à nous, envoyés par le transport-office ?

— Cependant, sir Georges....

— Sir Georges est à bord de son ponton. Il est consigné.

— Et si sa femme refusait de nous laisser emmener la Française...

— J'ai dans ma poche un ordre de l'agent général du transport-office, qui ordonne au commandant Rawlow de ramener à Portsmouth et d'y faire garder à vue la femme de l'un des prisonniers évadés la nuit dernière.

— Vous avez cet ordre ? s'écria Rawlow.

— Eh oui ! Le voici. »

Et le docteur tira de sa poche une lettre timbrée au chiffre de l'agence.

« Eh ! fit le commandant, que ne le disiez-vous plus tôt.

— Vous m'avez empêché de le faire, avec toutes vos hésitations.

— Mais, cher ami, pourquoi ne m'avoir pas parlé de cela avant dîner ?

— Parce que, mon tendre ami, nous n'étions pas seuls, que mes aimables invités qui, à l'heure qu'il est, ronflent comme des bienheureux, avaient alors toute la lucidité de leurs sens, et que, dans des affaires comme celle-ci, il faut n'avoir ni confident désintéressé qui vous écoute, ni regard curieux qui vous épie.

— Très-bien! très-bien! je comprends tout à fait. Ce diable de Weis! Comment avez-vous pu arranger tout ce plan? »

Le docteur haussa les épaules; puis faisant signe à Rawlow de le suivre, pour plus de sécurité, dans son cabinet de travail, il lui raconta en détail ce qui s'était passé le matin même à la séance du conseil.

Le commandant du Britannia, retenu toute la journée à son bord par les exigences du service, ne savait rien.

A mesure que Weis parlait, la figure de Rawlow exprimait une joie manifeste.

Il ouvrait ses gros yeux et sa grande bouche et se frottait les mains en silence.

La beauté de Marthe avait allumé dans les sens du capitaine une passion brutale, qui se réveillait maintenant d'autant plus vive qu'il voyait s'abaisser les obstacles.

D'un autre côté, sa haine pour sir Georges trouvait moyen de se satisfaire en partie, et la pensée que les confidences forcées arrachées à la jeune femme pouvaient le mettre sur la trace des fugitifs, se joignait encore au sentiment dont nous avons parlé.

Un seul point lui paraissait obscur dans le récit du docteur : c'était le motif qui avait pu guider celui-ci dans la marche qu'il avait à suivre.

Mais Weis, en lui expliquant la scène de la nuit précédente et la façon insultante dont l'avait traité sir Georges, rendit lumineux le complément de son récit.

Seulement ce que Rawlow ignorait, c'est que l'adroit praticien voulait se servir de son ami pour retirer les marrons du feu et les manger ensuite à son aise.

Le docteur, lui aussi, avait été singulièrement touché par la beauté et la grâce de la Bretonne, et il se promettait bien d'exploiter la sottise de Rawlow au profit de sa passion naissante, lui laissant tout l'odieux de l'enlèvement arbitraire qu'ils allaient opérer.

« Eh bien! dit Rawlow lorsque son perfide interlocuteur eut achevé ses explications, puisque vous avez l'ordre, donnez-le moi et partons. Sir Georges est à bord du Protée, nous n'aurons donc qu'à vaincre la résistance de sa femme et cela ne sera pas difficile. Je m'en charge.

— Partons ! répéta le docteur ; ma voiture est en bas.

— Mais vos invités ?

— Je leur ferai dire, s'ils se réveillent avant notre retour, que l'on est venu me chercher en toute hâte de la part d'un malade.

— Très-bien. »

Et les dignes amis descendirent rapidement l'escalier conduisant à la porte de sortie ; puis tous deux s'élancèrent dans le coupé de Weis, qui prit au grand trot la direction de l'habitation de sir Georges.

On le voit, l'instinct infernal du docteur Weis le secondait merveilleusement dans sa double haine contre sir Georges et contre les rascals ; car il était évident que les révélations arrachées à Marthe, en instruisant le transport-office de la présence à Portsmouth de Surcouf et de Marcof, anéantissaient non-seulement le plan des conjurés, mais encore les perdaient sans ressource, eux et sir Georges leur innocent complice.

Marthe était forte, Marthe lutterait sans doute courageusement ; mais la ruse et la violence pouvaient triompher de son énergie.

Weis ignorait ces importants détails ; seulement il y avait tout à parier que, une fois Marthe entre ses mains, l'adroit praticien saurait prendre les premiers fils de l'intrigue, dont la jeune femme elle-même ne connaissait pas l'étendue, et que ces premiers indices le conduiraient rapidement à la découverte de la vérité.

V.

Cœlia.

Tandis que les diverses circonstances que nous venons de raconter s'accomplissaient, tant dans la baie que dans la ville de Portsmouth, Marthe, toujours entourée des soins attentifs de Cœlia et de Fuller, luttait péniblement contre les désordres qu'avait causés dans tout son organisme le choc terrible des événements de la nuit précédente.

Depuis le départ de sir Georges, un peu de calme, amené lentement par la science de l'excellent docteur, avait succédé à la crise qui avait menacé d'emporter la malade.

Une seconde saignée, plus abondante que la première, avait rétabli la circulation et dégagé le cerveau embarrassé.

L'état d'épuisement, de prostration, que désirait si ardemment Fuller pour combattre la fièvre, avait remplacé l'agitation effrayante à laquelle Marthe était en proie.

Bientôt même un sommeil lourd d'abord, puis devenu successivement régulier et paisible, était venu au secours du médecin et présageait un calme bienfaisant.

Cœlia et Fuller, assis tous deux au chevet de la jolie Bretonne, suivaient avec une admirable sollicitude les progrès du retour à la vie.

Les heures s'écoulaient rapidement.

Bientôt la nuit jeta ses voiles sombres sur la campagne environnant le cottage, et Marthe, le front plus pâle, la poitrine plus dégagée, reposait toujours.

Fuller se leva doucement et sonna un domestique pour lui ordonner d'apporter de la lumière.

Cœlia se pencha vers la pendule et regarda l'heure.

« Que peut donc faire Georges, docteur, le savez-vous? demanda-t-elle en se tournant vers son compagnon.

— Georges est allé aux nouvelles de ceux qui l'intéressent, Cœlia. Soyez sans inquiétude. Vous comprenez qu'il ne court aucun danger.

— Mais voici près de quatre heures qu'il est parti.

— Peut-être a-t-il été obligé de rester à Portsmouth.

— C'est possible. »

Un long silence suivit ce court échange de phrases, et l'attention des deux jeunes gens se concentra de nouveau sur la malade.

Près de deux heures s'écoulèrent encore. L'impatience et l'inquiétude devinrent manifestes.

« S'il ne lui était pas possible de revenir ce soir, dit-elle, il m'eût fait prévenir, j'en suis certaine.

— Aussi va-t-il rentrer, répondit Fuller. Encore une fois, chère enfant, ne vous tourmentez pas; car Georges ne risque rien.

— Qui sait? Peut-être s'est-il compromis

pour protéger ceux qu'il veut sauver. Le transport-office est mal disposé envers sir Georges; ses collègues le haïssent parce qu'il est bon et généreux. On serait satisfait de pouvoir lui nuire aux yeux de l'amirauté.

— Eh bien! si on attaquait Georges dans son honneur de marin, il se disculperait facilement; car il est aussi brave et loyal que ses ennemis sont lâches et cruels. D'ailleurs, ne redoutez pas cela. Cœlia. Le transport-office a peur du bruit et du scandale, et il ne serait pas aise de donner beau jeu aux journaux de l'opposition pour attaquer l'administration des pontons.

— Mais alors pourquoi Georges ne revient-il pas?

— Parce que, je vous le répète, il s'est mis en quête de renseignements que ne pouvait lui donner cette jeune femme.

— N'importe! cette absence prolongée m'inquiète et me fait souffrir, » dit-elle en se levant.

Le mouvement un peu brusque qu'elle fit en repoussant le siége qu'elle venait de quitter, troubla le sommeil de la Bretonne.

Marthe poussa un léger soupir et entr'ouvrit les yeux.

Fuller se rapprocha vivement et lui prit la main. Marthe leva sur le docteur son doux regard qui n'avait pas encore repris toute sa lucidité, et parut chercher à s'expliquer sa situation présente.

Évidemment la mémoire lui faisait défaut, et elle ne se rappelait plus les événements de la veille.

Ses lèvres frémirent doucement comme si, voulant laisser échapper quelques paroles, la force leur manquait; mais l'expression générale de la physionomie remplaça clairement les mots qu'elle n'avait pu formuler.

« Elle est sauvée! dit Fuller en quittant momentanément le lit de la malade, sur lequel il s'était presque continuellement tenu penché.

— Enfin! » murmura Cœlia dont le beau regard s'éleva pour remercier le ciel.

Puis revenant à Fuller :

» Est-elle en état de me comprendre? ajouta-t-elle vivement.

— Oui, répondit le médecin; mais seulement interrogez-la avec précaution, dans la crainte de ramener une crise. »

Pendant que ces paroles s'échangeaient

rapidement à voix basse, Marthe se soulevant sur ses oreillers, promenait toujours autour d'elle ses regards étonnés.

Cœlia lui prit la main.

« Ne craignez rien, dit-elle, vous êtes avec des amis qui prendront soin de vous.

— Que s'est-il donc passé? demanda la Bretonne, répondant à ses propres pensées plutôt qu'à sa gracieuse interlocutrice.

— Un accident qui vous est arrivé, mon enfant, dit vivement Fuller. Cette nuit vous êtes tombée à la porte de cette maison, et votre tête a sans doute porté sur une pierre, car vous avez une légère blessure au front.

— Et le froid vous avait fait mal.

— Cette nuit?.... répéta Marthe en essayant de rassembler ses souvenirs.

Mais ses souvenirs lui revinrent en foule; car elle poussa un cri et fit un effort pour se lever.

Cœlia la retint doucement.

« Calmez-vous! calmez-vous! dit-elle. Quel que soit le danger qui vous menace, vous êtes ici à l'abri.

— Mon Dieu, répéta la Bretonne, sans comprendre ce que lui disait la jeune femme, où est-il? Mort peut-être!... Non!... non!..

il est là-bas... il doit m'attendre... il en est temps encore... je vais...

— Mon enfant, interrompit Cœlia en s'avançant encore, par pitié pour vous-même, calmez-vous et répondez-moi. Reconconnaissez-vous ce papier? »

Et la jeune femme tendit à la malade le billet mystérieux qu'elle avait trouvé à terre.

Marthe se renversa en arrière :

« Perdu ! s'écria-t-elle, et c'est moi qui l'ai perdu !

— Mais personne n'est perdu ! dit Cœlia, personne, entendez-vous ! Personne ici n'est ni assez lâche, ni assez vil pour abuser d'un secret dont un malheureux hasard l'aurait rendu maître. Rassurez-vous, chère enfant ! Aucun danger ne menace, ni... Surcouf (Cœlia baissa la voix avec précaution), ni celui qui a signé ce singulier billet. »

En disant ces mots, elle plaçait sous les yeux de Marthe le coin du papier où se trouvait le signe dont nous avons parlé.

La Bretonne releva la tête et regarda fixement la jolie Anglaise.

« Cet homme... savez-vous son nom? »

continua la femme du commandant du Protée.

Marthe ne répondit pas.

« Savez-vous où il se trouve! où mon mari peut le voir? répondez, je vous en supplie. »

Marthe secoua négativement la tête.

« Tuez-moi! dit-elle résolûment, mais je ne dirai rien. Jamais je ne le livrerai aux Anglais!

— Mais il s'agit de le protéger au contraire, ainsi que Surcouf! s'écria Fuller.

— Jamais, répondit la Bretonne, je ne croirai que des Anglais puissent vouloir les protéger, l'un ou l'autre! »

Le docteur frappa du pied avec impatience.

« Que faire pour la couvaincre? » murmura-t-il.

Cœlia s'avança vivement.

« Ecoutez! dit-elle à Marthe : mon mari est officier anglais, mais ceux dont nous parlons ne sauraient être ses ennemis, car sir Georges et moi, nous nous aimions de tout notre cœur, de toute notre âme, et savez-vous à qui nous devons le bonheur? à Surcouf! Nous avons cru un jour que nous allions être séparés à jamais, que ma dernière heure était arrivée, eh bien! savez-vous à qui j'ai dû la vie? à celui que vous refusez de nommer!

— Ce sont des piéges! répondit Marthe, je ne parlerai pas!

— Mon Dieu! mon Dieu! s'écria Cœlia en se tordant les mains avec désespoir. Vous ne voulez pas les perdre en parlant, mais vous les tuez plus sûrement encore en gardant le silence. Mon mari est en ce moment à Portsmouth, il est à leur recherche, il veut se placer entre eux et le danger terrible suspendu sur leur tête. Sir Georges compromet peut-être en ce moment son honneur et son avenir pour ceux que je viens de vous nommer, et vous refusez, vous qui prétendez les aimer, de nous venir en aide! Je vous en conjure, au nom du Dieu de miséricorde, répondez-moi! Donnez-moi les renseignements qui sont en votre puissance... Mon mari va revenir, il faut qu'il sache où il peut les trouver, pour les sauver et protéger leur fuite. »

Et Cœlia, éperdue, se jeta, en achevant ces mots, à genoux devant le lit de la malade.

Marthe fit un mouvement vers elle, mais la réflexion la retint encore, et elle se détourna brusquement.

« Ce sont des piéges! répéta-t-elle. Il n'y a pas en Angleterre un seul homme capable de protéger ceux dont vous parlez. Tuez-moi! Je ne dirai rien. »

IV

Les souvenirs.

Cœlia se releva d'un bond et, saisissant un crucifix appendu à la muraille, elle le présenta à Marthe.

« Sur le Christ, dit-elle d'une voix ferme, je jure que je vais vous raconter fidèlement la vérité. Si après m'avoir entendue, vous doutez encore et vous refusez toujours de parler, que les malheurs dont vous serez cause retombent sur votre tête ! Écoutez-moi, madame ! Il n'y a que dix ans, j'étais aux Indes, j'habitais Madras auprès de parents sévères que la mort de mon père et celle de ma mère avaient faits mes tuteurs. Sir Georges, lui, était alors simple midshipman. Durant le cours de plusieurs relâches qu'il fit dans la ville où je résidais, nous nous vîmes et nous nous aimâmes.

Georges était le second fils d'une noble famille anglaise. Privé de toute fortune, puisque d'après nos lois son frère aîné possédait seul les biens patrimoniaux, il cherchait à se créer un avenir dans la marine.

Mon tuteur, qui prétendait me sacrifier à sa propre ambition, repoussa brutalement la demande d'un jeune homme qui n'était pas en situation de satisfaire ses goûts.

Il voulait me marier à un riche nabab, dont l'influence était considérable à Calcutta. Georges et moi voyions arriver avec désespoir le terme prochain de notre malheur à tous deux.

Un seul moyen nous restait d'échapper au sort cruel qui nous menaçait. Ce moyen c'était la fuite. Il fallait non-seulement quitter la maison de mon tuteur, mais encore abandonner Madras et gagner l'Angleterre.

Mais, pour séduire les domestiques qui me surveillaient sans cesse, pour fréter un navire qui nous emmènerait, nous avions besoin d'une somme importante, et l'argent nous faisait défaut à l'un comme à l'autre.

Chercher à en emprunter eût été donner l'éveil à mon tuteur. Nous ne savions que devenir, nous n'espérions plus....

La dernière fois que nous nous vîmes, notre douleur s'épancha vive et déchirante. Le découragement, contre lequel nous essayions de lutter, s'était emparé de nous.

Nous causions chaque jour à l'heure de la sieste; Georges, debout dans la rue; moi, appuyée sur le balcon de ma fenêtre.

Cette dernière fois dont je vous parle. notre pénible entretien eut un témoin invisible pour nous. Ce témoin, que nous prîmes pour un pauvre négociant européen, était un hardi corsaire français qui épiait le départ du navire monté par Georges.

Georges me quitta le cœur navré, et moi je tombai évanouie en lâchant sa main que je n'espérais plus serrer dans les miennes.

Le soir le Triton (c'est le nom du vaisseau que montait Georges), le Triton mettait à la voile. Le lendemain, il était attaqué avec une audace et une furie incroyables par une barque de pêche, qui s'en emparait après un combat acharné.

Au milieu du carnage, Georges, mon Georges allait être renversé, tué sans doute par un coup de hache, lorsque le commandant de la barque de pêche, celui que nous avions pris à Madras pour un humble marchand, détourna le bras qui s'était levé menaçant.

Mais ce n'est pas tout. Le lendemain, le Triton, monté alors par les corsaires français, s'arrêtait de nouveau en vue de Madras. Le commandant fit venir Georges, et, sans que celui-ci le lui eût demandé, il lui désigna du doigt une chaloupe prête à le conduire à terre.

C'était la liberté rendue généreusement au jeune prisonnier, et au moment où Georges, stupéfait de cet acte de bonté, passait lentement sous le couronnement du navire qu'il venait de quitter, un sac plein d'or tomba à ses pieds au fond du canot, et une voix lui cria : « Soyez heureux ! c'est la dot de Cœlia ! »

La nuit suivante Georges et moi quittions

Madras. Nous gagnions Bombay, et de là l'Angleterre.

Eh bien! celui qui nous avait entendus, celui qui avait sauvé la vie à Georges, celui qui lui avait rendu la liberté, celui, enfin, grâce auquel nous avons vu l'avenir riche de riantes promesses, celui-là s'appelle Surcouf! Vous voyez bien que personne ici ne saurait trahir un ami auquel nous devons notre bonheur! »

Cœlia s'arrêta. En parlant, son frais et charmant visage s'était animé du reflet de ses souvenirs. Elle était plus belle encore, et son front était si pur, son regard si limpide, l'expression de sa physionomie était empreinte d'une telle loyauté, que Marthe, attirée peu à peu vers la jeune femme, s'était presque penchée hors du lit pour mieux surprendre sur les lèvres de la ravissante Anglaise les paroles qui s'en échappaient.

Le regard de Marthe avait une fixité profonde.

« C'est bien vrai, cela ? » murmura-t-elle.

Cœlia ne répondit pas ; elle désigna le crucifix.

Marthe lui saisit la main.

« Et Marcof, dit-elle, qu'a-t-il fait pour vous, lui ?

— Marcof, répéta Cœlia en levant les yeux au ciel ; Marcof a été pour moi un Dieu sauveur.

— Comment? dans quelles circonstances? fit la Bretonne en attirant vers elle son interlocutrice.

— Quelques années après notre mariage, reprit Cœlia, Georges perdit son frère aîné et hérita de toute sa fortune. Cependant, il ne voulut pas quitter la marine en dépit de mes larmes et de mes prières. »

L'Angleterre soutenait une guerre acharnée contre la France, et le devoir de mon mari l'enchaînait à son poste tant que le danger menacerait.

Georges partit donc. Il allait rallier la flotte qui devait bloquer Boulogne. Je le suivis jusqu'à Douvres pour être le moins possible séparée de lui.

Un jour un officier anglais, apportant à Douvres des dépêches de l'escadre, m'apprit que Georges avait été blessé la veille par l'éclat d'un boulet français. Cet officier n'avait pas vu mon mari. Il connaissait l'accident, mais il en ignorait la portée.

J'adore Georges ; sa vie est la mienne. La pensée qu'il pouvait être blessé grièvement, qu'il pouvait mourir, qu'il serait mal soigné peut-être, me fit braver tous les dangers, et je résolus de partir pour traverser le détroit, et me rendre à bord du navire sur lequel Georges était embarqué.

Je ne pus trouver qu'une petite barque. Le patron consentit à m'emmener, et nous partîmes la nuit pour mieux échapper, disait le vieux marin qui me conduisait, à ces intrépides corsaires français qui, en dépit des forces anglaises commandant la Manche, la sillonnaient en tous sens, venant faire des descentes sur nos côtes, et passant même souvent au milieu de nos navires.

La traversée devait être courte puisque nous avions au départ, en vue, les feux de la flotte, et que nous entendions distinctement le bruit de la canonnade.

Nous quittâmes le port. A peine fûmes-nous en mer qu'un violent orage éclata. Le vent déchira notre voile et la pauvre barque, battue par les vagues, menaçait de sombrer à toutes minutes.

Le patron essaya en vain de regagner la

rade ; il n'y put parvenir, et la brise nous poussait vers l'Océan.

Je me crus perdue. Agenouillée au fond de la frêle embarcation, je priais avec ferveur, pensant à Georges et à la douleur que lui causerait ma mort.

Tout à coup une ombre se dressa devant notre chaloupe, j'entendis un craquement affreux, je sentis les planches s'entr'ouvrir sous mes pieds, et je roulai à la mer.

Lorsque je revins à moi j'étais à bord d'un navire français, étendue dans un cadre de chaque côté duquel se tenait un homme.

Je reconnus immédiatement le premier pour un chirurgien.

Le second, à la figure bronzée, aux cheveux argentés, à l'aspect impérieux, me regardait froidement.

Cet homme avait une physionomie d'une expression telle, qu'elle se grava immédiatement dans mon esprit. On devinait la bonté et la grandeur d'âme sous son apparence dure et énergique.

C'était le commandant du vaisseau, et celui qui m'avait sauvée ainsi que je le sus plus tard.

Au moment où la barque que je montais

heurta le flanc du navire et se brisa contre sa muraille, il était penché sur le bastingage. La nuit et le vent nous avaient empêchés de voir ni d'entendre les signaux qu'on nous faisait, ni les avertissements qu'on nous donnait.

En apercevant une femme disparaissant sous les vagues, il n'avait calculé que son courage et s'était élancé à la mer. Après des efforts inouïs, il était parvenu à me ramener saine et sauve au péril de sa vie.

Le vieux marin qui me conduisait avait été englouti.

J'ignorais alors ces détails, et, en reconnaissant que j'étais à bord d'un corsaire français, je me crus perdue ; mais tout à coup une pensée me traversa l'esprit, et, sans me rendre compte de ce que je faisais :

« Messieurs, dis-je aux deux personnages qui étaient près de moi, je suis Anglaise, c'est vrai, mais ne me faites aucun mal ; je me réclame de Surcouf.

— Surcouf ! répéta avec étonnement celui des deux hommes dont je vous ai parlé, et qui, ainsi que je vous l'ai dit, était le commandant du navire. Surcouf ! vous le connaissez ?

— Non, dis-je en obéissant toujours au même sentiment, qui me faisait servir de ce nom illustre comme d'une égide puissante, non ; mais cependant je lui dois tout le bonheur que j'ai eu sur la terre. »

Le commandant fit signe au chirurgien de s'éloigner ; puis demeuré seul avec moi :

« Expliquez-vous clairement, fit-il en s'asseyant ; les moments sont précieux. Nous gagnons la terre de France, et une fois débarquée, vous serez remise entre les mains des autorités françaises, et je ne pourrais plus rien pour vous ; je suis l'ami de Surcouf et je veux vous servir. Parlez ! »

La pensée que Georges me croirait perdue si je demeurais prisonnière, celle toute aussi puissante qu'il avait sans doute besoin de mes soins, me poussa à suivre l'inspiration qui m'avait guidée. Je racontai rapidement ce que je viens de vous raconter tout à l'heure.

Quand j'eus achevé je regardai le corsaire français. Il avait la tête penchée, et, lorsqu'il la releva, je vis une larme d'attendrissement couler sur sa joue brunie.

Je lui tendis la main par un mouvement involontaire.

« Vous me rendrez la liberté? dis-je.

— Cela fait du bien, dit-il sans paraître m'avoir écoutée, d'entendre le récit des beaux traits accomplis par ceux que l'on aime! Merci, madame; vous m'avez rendu heureux. Maintenant, qui êtes-vous, et que puis-je faire pour vous? »

Entraînée par une sympathie étrange, je lui racontai tout.

« Attendez-moi, » fit-il en me quittant, après m'avoir entendue.

Quelques minutes après il redescendait dans la chambre où je me trouvais.

« Je vais, dit-il, vous conduire auprès de votre mari. La nuit est noire, nous rangerons la flotte anglaise, et ce sera moi qui aurai l'honneur de vous accompagner jusqu'à l'escalier du navire où se trouve sir Georges. Dans une heure au plus vous serez près de lui. »

Je croyais rêver, car je n'osais supposer qu'il se moquât de moi; mais penser qu'un homme eût l'audace d'aller se jeter ainsi au milieu d'une flotte ennemie, était chose tellement impossible que je ne pus répondre.

Il comprit sans doute ce qui se passait en

moi, car il me salua en souriant et me quitta de nouveau.

Une heure après, un petit mousse venait me prier de monter sur le pont.

J'obéis en tremblant, car je ne savais ce qui m'était réservé. En arrivant sur le tillac, je regardai autour de moi. Le navire français était au milieu d'une obscurité profonde, et à une courte distance brillaient les feux de toute l'escadre anglaise.

Le corsaire ne m'avait pas trompée. Il s'avança vers moi, m'offrit la main et me fit descendre dans un canot préparé à l'avance. Lui-même prit place sur un banc en face de moi. Nous étions seuls.

« J'ai voulu vous conduire moi-même, dit-il en saisissant les avirons, je veux être certain qu'il ne vous arrivera rien de fâcheux.

— Mais, m'écriai-je épouvantée des périls auxquels il s'exposait pour moi ; mais vous allez vous perdre ! Si nos marins vous reconnaissaient !

— Bah ! fit-il avec insouciance, j'ai vu bien d'autres dangers ; et tromper les sentinelles anglaises au milieu de ces ténèbres, ce n'est vraiment qu'un jeu d'enfant.

— Mon Dieu ! dis-je, comment vous remercier de ce que vous faites pour moi ?

— Ne me remerciez pas, me répondit-il, cela n'en vaut pas la peine. Surcouf et moi, nous nous aimons comme deux frères, et ce n'est pas l'un de nous qui défera jamais ce que l'autre aura fait. Nos amis particuliers nous sont mutuellement sacrés. Seulement si vous pouvez jamais faire du bien à quelque pauvre Français, agissez en souvenir de nous. Maintenant, bouche close ! il faut passer dans les lignes anglaises. »

Je comprimai un élan de reconnaissance pour lui obéir et lui, ramant avec des précautions infinies, nous avancions en échappant à la surveillance des sentinelles.

Bientôt, je lus à la lueur des fanaux de l'escadre, le nom du navire que montait Georges écrit sur le couronnement d'un gros vaisseau vers lequel nous nous dirigions.

« C'est ce navire ! dis-je à voix basse.

— Je le sais, me répondit-il. Je connais la position de l'escadre. »

Mon cœur battait à rompre ma poitrine.

« Monsieur ! fis-je en saisissant les mains de mon compagnon pour arrêter le canot en l'empêchant de ramer. Monsieur! au nom du ciel, votre nom? que je puisse l'unir dans mes prières à celui de Surcouf.

— Marcof le Malouin, me répondit-il, et prenez ce papier. Il vous servira de sauvegarde si jamais vous retombez entre les mains des corsaires français. »

Et il me tendit un papier plié que je pris avidement. En ce moment la sentinelle anglaise nous héla. Nous atteignions justement l'escalier du navire.

Sans répondre au soldat, mon sauveur me saisit dans ses bras et, m'enlevant rapidement, il me déposa sur la plate-forme de l'escalier, puis repoussant son canot, il se rejeta dans l'ombre au moment même où la sentinelle, ne recevant pas de réponse, faisait feu.

Je poussai un cri de terreur auquel Marcof répondit par un : Au revoir! accentué en excellent français.

Il n'avait pas été atteint par la balle, et cinq minutes après, j'étais auprès de mon mari.

« Maintenant, continua Cœlia en changeant de ton, vous savez ce que Marcof a fait pour nous? Dites : croyez-vous que nous ne lui devions pas autant qu'à Surcouf et que nous puissions le trahir aussi ?

— Mais le papier qu'il vous a remis ? » dit Marthe qui avait suivi avec un intérêt extrême le récit de son interlocutrice.

Cœlia ouvrit un petit meuble et y prit un billet qu'elle présenta à Marthe.

Celle-ci l'ouvrit et lut. Ce papier contenait ces mots écrits de la même main qui avait tracé le billet trouvé par Marthe après son évanouissement :

» Protégé par Surcouf et par Marcof. »

Puis au bas ce même signe qui, sur l'autre papier, avait si fortement ému Marthe d'abord, puis Georges et Cœlia ensuite.

La Bretonne leva les yeux sur Cœlia. Celle-ci, le visage inondé de larmes, la prit dans ses bras.

» Me croyez-vous, dit-elle? parlerez-vous ?

— Oh ! fit Marthe avec une émotion extrême, les anges ne peuvent nous tromper. Je vous dirai le peu que je sais.

— En ce cas parlez vite, mon enfant, car les minutes sont précieuses, » dit Fuller qui avait silencieusement, ardemment écouté, lui aussi, le double récit de Cœlia.

En ce moment un violent coup de sonnette retentit à la grille du cottage.

« C'est Georges ! s'écria Cœlia en se levant.

— Non, fit observer Fuller. Georges est parti à cheval, et j'ai entendu le roulement d'une voiture. » Comme il achevait ces mots, un domestique ouvrit la porte de la chambre.

« Qu'est-ce donc ? demanda Cœlia.

— MM. Rawlow et Weis prient madame de les recevoir immédiatement au nom du transport-office, dit le valet. »

Fuller se leva brusquement et Cœlia devint pâle comme un linceul.

« Dites à ces messieurs que madame va descendre, » fit le médecin en congédiant le valet.

V

Les envoyés du transport-office.

Le capitaine Rawlow et le docteur Weis avaient été introduits tous deux dans le salon du rez-de-chaussée, où avait eu lieu, la veille au soir, la conversation que nous avons rapportée, et qui avait mis chacun dans le jour qui lui était propre les deux chirurgiens du transport-office.

Sans doute la vue de la pièce dans laquelle il venait de pénétrer rappela au docteur l'humiliation qu'il avait reçue, car son œil fauve s'alluma soudain, et l'expression de sa physionomie refléta les sentiments de haine et de désir de vengeance qui envahissaient son âme.

Rawlow, lui, tout entier à la pensée qu'il allait enfin se voir en possession de la jeune Bretonne, et libre de contraindre la pauvre enfant aux plus odieux sacrifices pour racheter sa liberté, Rawlow se promenait de long en large dans le salon avec cette agitation impatiente de la bête fauve qui attend l'heure de son repas.

Puis l'idée qu'il parviendrait sans doute à tirer de Marthe des renseignements précieux sur les prisonniers évadés, ne contribuait pas peu à exciter encore la bonne humeur du turnky.

Quel mérite pour lui aux yeux du transport-office si, après la révolte du matin et la pendaison promise pour le lendemain, il pouvait rejeter dans la cale de son ponton les malheureux rascals échappés à ses infâmes traitements !

Une seule chose avait jusqu'alors inquiété

Rawlow : c'était la présence possible au cottage du commandant du Protée.

Sir Georges aurait bien pu refuser de remettre Marthe aux mains de son collégue, et tout au moins se serait-il chargé lui-même de la conduire à Portsmouth.

Aussi, avant de quitter le Britannia, Rawlow avait-il eu soin de s'informer si le gentleman était toujours à bord du Protée ; mais, en dépit de la réponse affirmative qu'il avait reçue à cet égard, il n'avait pu se défendre d'un sentiment d'inquiétude en sonnant à la porte du cottage.

Les paroles du domestique qui avait ouvert étaient venues heureusement le rassurer tout à fait, et si bien que maintenant il attendait Cœlia avec la certitude de réussir dans sa mission.

Il y avait quelques minutes à peine que les deux hommes avaient franchi le seuil du petit salon, lorsque une porte, située du côté opposé à celle par laquelle ils étaient entrés, s'ouvrit vivement, et que Cœlia et Fuller pénétrèrent à leur tour dans la pièce.

Rawlow et Weis s'inclinèrent devant la maîtresse du logis, mais Weis eut soin de pousser doucement son compagnon en avant, de sorte que ce fut à Rawlow d'abord que Cœlia adressa la parole.

« Messieurs! dit-elle, pardonnez-moi l'étonnement que me cause, à pareille heure, votre visite inattendue.... Sir Georges est absent en ce moment, et....

— Nous ne venons pas chercher sir Georges, madame, interrompit le commandant du Britannia; nous savons qu'à cette heure le devoir le retient à son bord....

— Mon mari est donc sur le Protée, demanda vivement la jeune femme.

— Mais sans doute.

— Ah! Dieu soit loué! »

Weis et Rawlow échangèrent un regard en entendant cette observation imprudente arrachée à Cœlia par l'inquiétude qui la dominait.

Fuller comprit la faute; aussi se hâta-t-il d'ajouter:

« Madame n'était pas au cottage lorsque sir Georges est parti, de sorte qu'il n'a pu la prévenir, et elle ignorait à quelle cause attribuer l'absence prolongée du commandant.

— La cause est bien simple, dit Weis en

s'avançant ; sir Gerges a été consigné à bord de son ponton.

— Consigné ! répéta Cœlia.

— Oui, madame.

— Et à quel propos, monsieur ?

— Je l'ignore, madame. Seulement j'ai entendu dire qu'il s'agissait d'une accusation dirigée contre sir Georges.

— Une accusation ! s'écria la jeune femme. Et de quoi peut-on accuser mon mari ?

— Mon Dieu ! fit Weis de sa voix la plus fausse, je suis réellement désolé d'avoir laissé échapper ces quelques paroles. Mais ne vous affectez pas ainsi, madame; l'accusation dirigée contre sir Georges est sans doute le résultat d'une erreur, et bien certainement....

— De quoi accuse-t-on mou mari ? Parlez, monsieur! Je veux le savoir, interrompit Cœlia d'une voix ferme.

— Je ne sais pas au juste, madame; mais il est probable que l'obstination du commandant à repousser les conseils désintéressés de ceux qui l'aiment, lui aura joué un mauvais tour. Je l'ai maintes fois prévenu pour ma part. Son affectation de tendresse pour les ennemis de l'Angleterre le fait taxer de manque de patriotisme, et l'amirauté....

— Mais, interrompit vivement Fuller, chacun a été à même de voir que sir Georges sait dignement défendre le pavillon anglais.

— On ne met pas en doute son courage.

— Mais alors de quoi l'accuse-t-on ? dit encore Cœlia avec une anxiété visible.

— Mon Dieu !... dit Weis avec une indifférence jouée et qui paraissait vouloir cacher la gravité de ses paroles ; mon Dieu !... c'est une erreur bien certainement, mais c'est à propos de l'évasion de la nuit dernière et de la révolte de ce matin....

— Il y a eu révolte à bord du Protée ? s'écria Fuller avec étonnement.

— Non, répondit Weis d'un ton sec ; et si vous eussiez fait votre service, monsieur, vous sauriez que cette révolte a eu lieu à bord du Britannia.

— Eh bien ! mais alors, à quel propos accuse-t-on sir Georges ?

— On suppose, à juste titre sans doute, que cette évasion, suivie de cette révolte, a eu des complices sur la terre ferme, et le transport-office croit qu'une femme, arrivée depuis peu à Portsmouth, une Française, l'épouse de l'un des évadés, n'est pas étrangère à cet événement. Or, comme sir Georges a paru protéger cette femme, cette Française d'une manière toute particulière, on a dû penser....

— Quoi ! interrompit brusquement Cœlia, c'est parce que mon mari s'est montré charitable, c'est parce qu'il a accueilli sous son toit une pauvre femme blessée, évanouie, malade, que l'on ose ternir son honneur en l'accusant de mal servir l'Angleterre ?

— Je vous ferai observer, madame, avec votre permission toutefois, continua Weis avec une politesse affectée, mille fois plus insultante qu'une injure, que cette femme dont vous parlez n'était nullement privée de secours, puisque je l'avais fait transporter dans ma voiture, et que je m'apprêtais à la conduire moi-même à Portsmouth au moment où le commandant a violemment, et malgré moi, fait arracher cette jeune femme de ma voiture pour la prendre sous sa protection.

— Mais, monsieur, c'est moi qui ai sollicité sir Georges d'agir ainsi.

— Je ne vous cacherai pas, madame, que vous avez eu grand tort d'agir comme vous l'avez fait ; car je vous répète que les plus lourdes préventions sont établies à la charge de cette Française, et qu'en paraissant la protéger si manifestement, sir Georges a mis le transport office dans la nécessité de suspecter sa conduite. »

En achevant ces mots, Weis s'inclina ironiquement.

Cœlia, effrayée de ce qu'elle venait d'entendre, se tourna en tremblant vers Fuller qui, le regard chargé de mépris et la bouche contractée par une expression de dégoût impossible à décrire, demeurait immobile en face de son infâme confrère.

Quant à Rawlow, il n'avait pas proféré la moindre parole.

Reconnaissant la supériorité intellectuelle de son compagnon, il le laissait agir à sa guise, attendant qu'il plût à Weis de lui donner dans la scène la part que celui-ci jugerait convenable.

On voit que le perfide docteur avait habilement manœuvré pour établir les éléments de la vengeance qu'il méditait. Il voulait non-seulement une éclatante revanche de son échec de la veille en enlevant Marthe de la maison de sir Georges, mais encore verser dans l'âme de Cœlia, dont il connaissait l'amour pour son mari, le poison de l'inquiétude, et martyriser la jeune femme en lui prodiguant toutes les angoisses de la peur.

Fuller, sans connaître à fond tous les mobiles auxquels obéissait Weis, devinait une partie de la **vérité** en voyant le chirurgien en chef des pontons jouer avec Cœlia comme le chat avec la souris.

Aussi, voulant couper court à cette scène pénible dont il redoutait le dénoûment pour la femme de son ami, rompit-il brusquement le silence qui régnait dans le salon depuis quelques secondes.

« Ce que vous venez de dire, fit-il en s'adressant à Weis, n'explique pas suffisamment à madame le motif de votre présence dans sa maison. Veuillez donc, messieurs, avoir l'obligeance de vous expliquer nettement, et de nous apprendre la cause de votre arrivée inattendue.

— Cette cause, mon cher monsieur Fuller, répondit Weis en souriant, est tout uniment l'intérêt véritable que le commandant Rawlow et moi portons au maître du logis. Il est accusé, tout bas encore, et nous venons chercher les preuves de son innocence, afin que cette accusation ne puisse même s'élever hautement.

— Et cette preuve, quelle est-elle?

— La personne elle-même cause du malentendu relatif à sir Georges.

— Alors, c'est la jeune femme secourue par le commandant que vous venez chercher?

— Précisément.

— Mais, s'écria Cœlia, que voulez-vous faire d'elle?

— La conduire à Portsmouth.

— Mais, messieurs, au nom de l'humanité...

— Pardonnez-nous, de grâce, madame, de repousser vos prières, mais nous n'agissons dans toute cette affaire qu'au nom et par les ordres du transport-office.

— Êtes-vous bien sûr, monsieur, de n'obéir qu'aux ordres du transport-office? » demanda Fuller en plongeant son regard clair et loyal dans les yeux d'oiseau de proie du petit docteur.

Celui-ci ne répondit pas. Se tournant vers Rawlow :

« Commandant, dit-il, veuillez remplir votre mission. »

Rawlow prit dans la poche de son uniforme la lettre que lui avait remise son compagnon, et, l'ouvrant lentement, il la présenta à Cœlia.

« Vous voyez, dit-il, que l'ordre est précis et que nous devons tous obéir. Veuillez donc, madame, nous remettre immédiatement l'accusée.

— Livrer une femme, une pauvre créature abritée sous mon toit ! s'écria Cœlia avec une généreuse indignation. Impossible, messieurs ! Ce scrait commettre une lâcheté que sir Georges ne me pardonnerait pas.

— Si sir Georges était ici, madame, répondit froidement Rawlow, il serait comme moi dans la nécessité d'obéir à un ordre supérieur.

— Et songez, ajouta Weis, à quoi vous exposeriez votre mari en refusant d'obéir, en gardant chez vous une personne suspectée par le transport-office, en protégeant sciemment une ennemie de l'Angleterre. »

Cœlia leva encore un regard suppliant sur Fuller, mais celui-ci baissa tristement la tête.

La jeune femme lui prit la main et l'entraîna à l'écart.

« Que faire? dit-elle.

— Obéir! balbutia le médecin, l'ordre est précis, mais je cherche en vain le motif qui peut faire agir ces hommes, car il est évident pour moi qu'en ce moment le transport-office sert complaisamment leurs intérêts privés.

— Ainsi.... il faut livrer celle que nous savons protégée par ceux auxquels nous devons tout? dit Cœlia en baissant encore la voix.

— Nous attendons, madame! » interrompit Rawlow que toutes ces lenteurs commençaient à impatienter fort.

Fuller s'avança :

« Messieurs, dit-il, je viens de faire comprendre à madame qu'elle devait obéir à l'ordre que vous lui présentez. En conséquence elle est prête à vous laisser emmener la femme désignée par cette lettre, mais je dois ajouter que sa bonne volonté est inutile.

— Pourquoi? dit Weis.

— La prisonnière serait-elle évadée? ajouta vivement Rawlow.

— La femme dont nous parlons est ici, messieurs, dans une chambre située au premier étage de cette maison, mais si l'agent-général du transport-office veut l'interroger, il faudra qu'il se transporte lui-même auprès d'elle.

— Et pourquoi donc, monsieur ?

— Parce que cette femme est atteinte d'une maladie grave et que son état rend tout transport impraticable.

— Ah! ah ! la petite est malade? fit Weis en souriant.

— Oui, monsieur.

— Et qu'a-t-elle ?

— Une congestion cérébrale.

— Vous comprenez, mon cher confrère, continua le petit docteur sans quitter son air aimable, que, quelque foi que j'aie en vos lumières, il est de mon devoir de constater l'état de la personne dont vous nous annoncez la maladie.

— Je comprends cela, monsieur.

— Alors, veuillez nous conduire auprès d'elle. »

Fuller fit un geste à Cœlia qui, ouvrant

la porte du salon, invita Rawlow et Weis à la suivre.

Tous quatre gravirent l'escalier conduisant au premier étage.

VI

Williams l'Irlandais.

Dix heures et demie du soir sonnaient à la pendule du salon de l'élégant cottage de sir Georges, au moment où Rawlow et Weis, précédés de Cœlia et suivis de Fuller, traversaient le vestibule pour gagner l'escalier du premier étage conduisant à la chambre où se trouvait la jolie Bretonne, si fort convoitée par le misérable commandant du Britannia.

Quelque désir que nous ayons de satisfaire la curiosité du lecteur en l'introduisant auprès de Marthe, en compagnie de ses deux protecteurs et de ses deux ennemis, la marche rapide des autres événements du drame qui s'accomplissaient à cette même heure presque simultanément dans la baie et dans le port de Portsmouth, nous contraint à abandonner le cottage de sir Georges (où nous ne tarderons pas à revenir) pour retourner dans cette partie sombre de la rade où flottaient immobiles les lugubres pontons.

Le calme le plus parfait paraissait régner à bord de ces masses noirâtres qui semblaient des monstres engourdis sur une mer vaseuse.

Sur la droite de la ligne des pontons, toujours ancré au centre de la baie, se balançait le chasse-marée de l'Irlandais Williams, à bord duquel Surcouf et Marcof s'étaient rencontrés quelques heures auparavant.

Le brouillard épais, qui enveloppait de ses voiles opaques toute cette partie des côtes anglaises, permettait à peine de distinguer la lueur rougeâtre éclairant à l'arrière de la barque de pêche la cabine dans laquelle nous avons déjà fait pénétrer le lecteur.

Deux hommes étaient alors dans cette cabine. L'un était Williams, le patron de l'embarcation, l'autre son second fils, qui se nommait Kennedy.

L'aîné, parti depuis plusieurs heures, s'était rendu à Portsmouth, envoyé par Surcouf afin de le tenir au courant de ce qui pouvait se passer dans la ville d'intéressant pour lui et ses compagnons.

Chaque jour, d'après l'ordre du corsaire, l'un des deux marins allait ainsi aux nouvelles.

Surcouf n'avait quitté que tard la barque de l'Irlandais. Il avait attendu le départ de Marcof, lequel, ainsi que l'avait raconté Rawlow aux invités du docteur Weis, avait poussé l'audace jusqu'à se faire reprendre par les chaloupes anglaises et à se laisser par conséquent réintégrer à bord du Britannia.

Certain que son ami ne courait plus aucun danger, momentanément du moins, Surcouf s'était décidé alors à remonter dans son canot, et, reprenant ses allures de pêcheur, il avait longé de nouveau les pontons sans remarquer en passant devant le Protée, l'attention concentrée avec laquelle l'examinait un homme posté sous le couronnement du navire.

Cet homme, nos lecteurs le savent, était sir Georges, qui depuis l'instant où Surcouf avait rasé son ponton, passant à quelques brasses sous ses pieds, n'avait pas perdu de vue le chasse-marée vers lequel se dirigeait le corsaire.

C'est ainsi que sir Georges découvrit la manœuvre de Marcof, s'affalant doucement à la mer par un sabord du chasse-marée et venant se poster complaisamment sous le gouvernail à l'instant où une chaloupe du Britannia arrivait par l'autre bord.

Sir Georges avait reconnu Surcouf, il l'avait vu accoster la barque de pêche, il avait compté près de deux heures depuis l'arrivée du corsaire sur le pont de l'embarcation, lorsqu'il remarqua l'acte étrange exécuté par Marcof, dont l'éloignement ne lui permettait pas de distinguer nettement les traits. Il comprit que tous ces petits événements différents devaient se rattacher à une même et grande cause, et il conclut que le chasse-marée était le quartier-général d'opérations choisi par les hardis Français.

En se rendant à bord de la barque, sir

Georges devait donc évidemment être à même d'obtenir sur ceux qu'il recherchait tous les renseignements nécessaires.

Mais aller là, au grand jour, en uniforme d'officier de la marine royale, il ne fallait pas y songer.

Il résolut d'attendre la nuit et se mit à combiner dans sa tête tout un plan qu'il comptait mettre habilement à exécution.

Durant ce temps, Surcouf avait regagné la pointe de Gosport et la cabane où la famille du pêcheur irlandais lui avait offert une cachette inconnue de tous.

L'intrépide corsaire attendait avec une impatience fébrile le moment où il allait pouvoir s'élancer avec ses compagnons au secours de ses amis prisonniers.

Quant à Williams et à son plus jeune fils, tous deux, ainsi que nous l'avons dit plus haut, s'étaient retirés dans la cabine située à l'arrière du chasse-marée et faisaient en silence des vœux pour la réussite de la tentative hardie des Français.

C'est, nous le répétons, à l'heure même où Rawlow et Weis étaient introduits dans la chambre de Marthe, que nous pénétrons auprès des deux Irlandais.

Le père et le fils s'étaient renfermés dans un mutisme absolu. Tout à coup ce bruit sourd si familier à l'oreille du marin et qui lui indique l'approche d'un canot dont les avirons plongent régulièrement dans le flot qu'ils coupent de leurs tranchants polis, fit dresser la tête à Williams et à son fils.

« C'est Michel! dit le père en se levant pour monter sur le pont. Kennedy, envoie-lui un bout d'amarre. »

Les deux hommes se penchèrent sur les bordages et, plongeant leurs regards dans les ténèbres épaisses qui les enveloppaient, ils purent bientôt distinguer l'avant d'un étroit canot se dirigeant vers eux.

C'était effectivement Michel, le fils aîné du pêcheur, qui revenait à bord du chasse-marée après son habituelle excursion à Portsmouth.

La chaloupe solidement amarrée, tous trois redescendirent dans la cabine, et Kennedy, tirant d'une petite armoire, clouée sur un panneau, une tranche de bœuf salé, du pain bis et des poissons fumés, plaça le tout sur la table devant laquelle son père et son frère étaient déjà assis.

Michel était âgé d'environ vingt-deux ans. Grand, solidement constitué, agile dans ses mouvements, il offrait l'apparence de la force physique, mais son front bas et étroit, son regard terne, l'expression générale de ses traits dénotaient qu'à cette robuste constitution de la charpente corporelle ne s'adjoignait pas le don d'un esprit étendu, d'une intelligence spacieuse.

En effet, Michel n'était pas méchant, ni pourvu de mauvais instincts, mais son caractère était d'une faiblesse extrême, et il était souvent incapable de résister aux conseils d'autrui et à l'exemple des autres.

Triste et morne d'ordinaire, il souriait rarement et ne riait jamais.

Ce soir où nous le présentons au lecteur, il semblait encore plus soucieux et plus taciturne qu'à l'ordinaire. Parfois son front se plissait, ses traits se contractaient ; et si la lueur douteuse jetée par la lampe marine eût permis à son père de l'examiner attentivement, il l'eût souvent vu pâlir.

Mais Williams était trop préoccupé lui-même pour porter attention à ce qui se passait sur le visage de son fils.

« Eh bien ! demanda l'Irlandais en attirant à lui l'un des plats qu'il attaqua bravement. Quelles nouvelles dans la ville?

— Aucune, mon père! répondit Michel.

— Ainsi, tu crois que l'on ne se doute de rien?

— Je le crois.

— Tant mieux, garçon!

— Oui, père, car je hais les Anglais, moi! » s'écria Kennedy en levant un pot d'ale auquel il donna une longue accolade.

Michel garda le silence.

« Qu'as-tu donc, Michel? » fit tout à coup observer le père en remarquant cette fois les nuages d'une rêverie profonde qui s'amassaient d'instants en instants plus épais sur le front de son aîné.

Michel tressaillit. Williams répéta son interrogation.

« Rien, père, je n'ai rien! répondit enfin Michel.

— Et c'est cela qui te chagrine peut-être? dit Kennedy en souriant. Eh bien, console-toi, frère! Ne sais-tu pas que nous avons la parole de Surcouf, et que cette parole-là vaut les cent mille livres de France qu'il a promises à notre père.

— Cent mille francs? Qu'est-ce que cela comparé à ce que nous possédions en Irlande!

— Diable! Tu deviens ambitieux!

— Si je l'étais réellement, répondit Michel en baissant la voix, je pourrais peut-être satisfaire aujourd'hui mes goûts et mes désirs.

— Comment cela? dit vivement Williams.

— Mais, je ne sais.... » balbutia Michel évidemment fâché des paroles qu'il venait de prononcer.

L'Irlandais regarda fixement son fils, et lui saisissant la main :

« Michel! dit-il, il se passe dans ton esprit quelque chose que tu n'oses nous confier. Est-ce donc une mauvaise pensée?

— Non, père! je ne sais ce que vous voulez dire, répondit Michel en baissant la tête.

— Souffres-tu?

— Un peu....

— As-tu froid? Pourquoi ne manges-tu pas?

— Je n'ai pas faim, dit Michel en passant la main sur son front imprégné d'une sueur abondante. Je crois que j'ai besoin d'air. »

Williams regarda son fils avec inquiétude.

Il devait se passer effectivement quelque chose d'étrange dans l'organisme de Michel, car à chaque instant son visage changeait de nuance.

Tantôt rouge à faire croire que le sang allait jaillir en perçant l'épiderme, tantôt blafarde à laisser supposer que le jeune homme allait s'évanouir, puis tour à tour maculée de taches brunes semblables à celles du marbre et livide comme la face d'un noyé, sa figure reflétait une souffrance soit morale, soit physique, dont l'existence était manifeste.

Si cette souffrance était toute morale comme devait le faire supposer l'élasticité des membres et la liberté de la respiration, il fallait qu'il s'accomplît quelque chose d'affreusement terrible dans l'âme de cet homme peu habitué à se rendre maître de ses sentiments.

Williams, de plus en plus inquiet, ne

quittait plus de l'œil le fils assis à ses côtés.

Cette révolution soudaine s'était opérée depuis le moment où Michel avait fait un effort pour manger.

Les aliments n'avaient pu se faire passage à travers sa gorge aride.

« J'ai besoin d'air ! répéta-t-il en faisant un effort pour se lever.

— Eh bien ! monte sur le pont, » répondit Williams.

Michel repoussa la barre de bois qu'il venait de quitter, mais dans ce mouvement un bout de la ceinture rouge, qui lui serrait la taille au-dessus des hanches, s'accrocha à l'angle de la table et se déroula.

Des pièces d'or s'échappèrent et tombèrent sur le plancher en rendant un son métallique : c'étaient des livres sterlings.

Michel s'arrêta comme foudroyé et se prit à trembler de tous ses membres.

Williams se pencha vivement et ramassa l'une des pièces échappées de la ceinture de son fils.

« Qu'est-ce que cet or? » demanda-t-il avec étonnement.

Michel ne répondit pas.

« D'où vient cet or? s'écria le père.

— Je ne sais... balbutia indistinctement le jeune homme.

— Parle! réponds! je le veux! D'où te vient cet or? » fit l'Irlandais d'un ton menaçant et en plaçant sous les yeux de Michel la livre sterling qu'il tenait entre le pouce et l'index.

Michel jeta autour de lui un regard terrifié.... Il semblait chercher des yeux un refuge.

Son père lui saisit le bras et le secoua rudement.

« Parleras-tu! s'écria-t-il avec une violence extrême.

— Grâce! dit Michel éperdu et en obéissant à cette énergique étreinte.

— Grâce! répéta Williams. Et qu'as-tu donc fait, malheureux?

— Grâce! grâce! continua Michel, dont la terreur étrange paraissait avoir atteint le paroxysme. Grâce, mon père! je suis un misérable!... J'ai failli! J'ai été tenté!

— Par qui donc? hurla Williams en tenaillant le poignet qu'il avait saisi.

— Par le démon sans doute, car il y a une heure j'ai commis le plus affreux des crimes.

— Lequel !

— Une trahison !

— Une trahison ! toi, mon fils, mon enfant, le sang de mes veines ! s'écria l'Irlandais, dont le visage loyal se couvrit d'une rougeur ardente sous l'effet de la colère.

— Pardonnez-moi, père !

— Une trahison ! une trahison ! répéta le pauvre homme. Est-ce possible ! toi ! Michel ! Mais parle ! continua-t-il en se redressant. Tu me dois la confession de ta conduite. Parle ! ton frère et moi serons tes juges. »

Michel courba encore la tête sous le regard sévère qui pesait sur lui.

Kennedy l'examinait avec une sorte d'épouvante.

» J'écoute ! dit Williams d'un ton impératif.

— Eh bien, père, commença Michel, vous vous souvenez que ce matin, lorsque Surcouf est venu à bord, un autre homme que nous ne connaissions pas, l'y attendait.

— Sans doute.

— Tous deux s'enfermèrent dans la cabine.

— Oui.

— Moi, j'étais là, à côté, au pied du mât, occupé à terminer un filet.

— Et tu as écouté ce que se sont dit nos hôtes ! interrompit Williams.

— Oui, père, j'ai entendu d'abord malgré moi...

— Mais ensuite?

— Ensuite... j'ai épié... je l'avoue, je me confesse.

— Un espionnage ! une infamie ! s'écria l'Irlandais.

— Mon père, je me repens !

— Continue-donc ! Jusqu'où le mauvais esprit t'a-t-il poussé? Parle ! je veux tout savoir.

— Supposez-vous, mon père, quel était l'homme qui attendait Surcouf?

— Non.

— Cet homme s'appelle Marcof le Malouin.

— Marcof le Malouin! répéta Williams, le corsaire?

— Lui-même!

— Surcouf et Marcof à Portsmouth! fit l'Irlandais en levant les mains au ciel.

— Surcouf et Marcof à Portsmouth! répéta lentement Michel. Oui, père! voilà le secret de ma conduite!

— Misérable! s'écria Williams en saisissant un couteau à lame affilée placé à sa portée sur la table. Misérable, continua-t-il en menaçant son fils. Tu les as vendus!

— Grâce! fit Michel en tombant à genoux.

— Grâce! répéta Kennedy en se précipitant entre son frère et le fer menaçant.

— Tu as trahi ceux auxquels j'avais juré fidélité, ceux qui ont eu foi en ma parole, ceux auxquels j'ai serré les mains!

— Non, père!

— Silence! tu vas mourir! »

Et Williams, repoussant Kennedy qui s'efforçait de couvrir Michel de son corps, saisit par ses vêtements le fils qui se traînait à ses pieds.

Le mouvement brusque de l'Irlandais déchira la veste du jeune homme, et un flot de pièces d'or roula de nouveau sur le plancher de la cabine.

« Nous sommes pauvres et l'on me donnait un million ! s'écria Michel. J'ai pensé à ma mère et à mes sœurs ! Mais je me repens ! Grâce, mon père ! pitié !

— Nous étions riches, puisque nous avions l'honneur sauf, et nous sommes plus misérables à cette heure que le dernier des mendiants de Londres, puisque notre nom est souillé ; mais la honte se lave avec le sang, Michel ! prie Dieu, tu vas mourir ! »

En parlant ainsi, Williams, appuyant sa main puissante sur la tête du condamné, courbait jusqu'à terre le front pâli de son fils.

La physionomie de l'Irlandais avait pris une expression véritablement effrayante. On y lisait clairement la résolution inébranlable d'accomplir l'acte de justice que lui dictait sa conscience.

Kennedy, terrifié, demeurait immobile, pétrifié en présence de cette scène terrible que le mugissement lointain des vagues et la lueur blafarde du falot suspendu au plafond de la cabine rendaient plus lugubre encore.

Michel, assailli par le remords, dévoré par la honte, se sentant sous l'étreinte de son juge, ne songeait pas à éviter le sort qui l'attendait.

Williams sentit un moment le courage prêt à l'abandonner. Il comprit que s'il hésitait encore, il n'aurait plus l'énergie nécessaire pour laver son honneur terni dans le sang du coupable.

Aussi, rassemblant ses forces, leva-t-il convulsivement le bras.

Michel et Kennedy poussèrent un même cri.

VII

Trahison!

Williams allait frapper... Déjà la lame descendait rapide sur le coupable, lorsqu'une main ferme arrêta le bras de l'Irlandais.

Un nouveau personnage, s'élançant par le sabord ouvert qui éclairait durant le jour la cabine, venait de pénétrer dans l'intérieur du navire, juste à point pour détourner le coup qui allait punir le traître.

L'homme dont la présence inattendue venait d'arracher, momentanément du moins, le fils de l'Irlandais à une mort certaine, était d'une taille au-dessus de la moyenne ; mais les plis d'un épais caban se drapant autour de lui ne permettaient pas plus d'apprécier les formes de son corps, que le lourd capuchon rabattu sur sa tête ne laissait apercevoir les traits de son visage.

L'étrange manière dont il avait fait son entrée dans la cabine, le mouvement brusque qu'il avait accompli en arrêtant le bras du père et en s'opposant à l'acte de justice qui allait avoir lieu, avaient frappé d'une sorte de stupéfaction les acteurs de cette scène émouvante.

Cependant Williams reprit presque aussitôt sa présence d'esprit.

« Qui êtes-vous ? que voulez-vous ? pourquoi vous introduire de cette façon à mon bord ? demanda-t-il coup sur coup d'une voix menaçante.

— Je suis un ami de ceux qu'a livrés votre fils ! répondit l'inconnu d'une voix calme. Je veux vous aider à réparer le mal qu'a accompli ce jeune homme. Quant à ma présence, elle est facile à expliquer. Je savais que cette barque de pêche était le quartier général des opérations de Surcouf et de Marcof, je voulais les voir ou tout au moins leur faire transmettre par vous un avis précieux. Or, accoster en plein jour votre chasse-marée aurait pu nous compromettre tous, j'ai dû attendre la nuit. Je suis venu seul dans un canot. En passant à l'arrière de cette embarcation, j'ai entendu un bruit de voix. La prudence m'ordonnait d'écouter, et je n'ai pas perdu un mot de ce qui vient de se passer ici. En vous voyant sur le point de commettre un meurtre, dangereux même pour le salut de ceux que vous aimez, je me suis élancé et j'ai arrêté à temps votre bras levé sur ce jeune homme. Maintenant que vous savez ce qu'il vous intéressait d'apprendre, hâtons-nous d'agir, car chaque minute qui s'écoule apporte une chance de perte de plus pour ceux que nous protégeons l'un et l'autre. »

En achevant ces mots, l'inconnu leva sur Williams un regard interrogateur. L'Irlandais, immobile, paraissait flotter entre deux partis extrêmes.

Il n'avait pas quitté le couteau qu'il tenait de la main droite, et le doute se peignait sur sa physionomie expressive.

Michel, toujours agenouillé, n'osait tenter un mouvement, et Kennedy, d'un seul élan, s'était jeté entre le mystérieux personnage et la porte de la cabine, prêt évidemment à obéir aux premiers ordres de son père.

L'homme au caban comprit sur-le-champ ce qui se passait dans l'âme de son interlocuteur.

« Ne doutez pas de moi, dit-il vivement. Je ne puis vous convaincre matériellement de ma franchise, mais réfléchissez : si je voulais perdre ceux que je prétends aider à fuir, pourquoi serais-je ici? Ce jeune homme les a livrés. Qu'aurais-je à apprendre?

— Pourquoi m'avez-vous empêché de punir, alors? demanda Williams d'une voix sombre.

— Parce que, je vous l'ai dit, vous alliez commettre un meurtre abominable. De plus, la colère, en vous faisant frapper le coupable, vous eût empêché de connaître l'étendue de son crime. Qu'a-t-il dit? qu'a-t-il fait? quels secrets enfin a-t-il livrés? Voilà ce qu'il est important de savoir afin de prévenir utilement nos amis. Encore une fois, ayez confiance et ne me repoussez pas. Dans une heure, il ne sera plus temps d'agir. Il faut que la décision soit rapide comme la pensée. Si vous n'avez pas en moi la foi que je mérite, eh bien ! fiez-vous au hasard. Mieux vaut cela encore que de perdre sciemment vos amis. Et puis, que risquez-vous à écouter mes avis? Si je vous parais coupable de trahison, vous serez toujours à même de me punir et de m'empêcher d'agir, puisque vous êtes trois et que je suis seul. »

Ce discours, prononcé rapidement, parut impressionner l'Irlandais. Cependant, avant de répondre, il se tourna vers Kennedy :

« Monte sur le pont! dit-il, et regarde si rien de suspect ne t'apparaît dans nos eaux. »

Le jeune homme s'élança, l'inconnu sourit.

« Vous voulez vous assurer que personne ne m'accompagne et n'est prêt à me prêter main-forte, fit-il en attirant à lui un banc sur lequel il prit place. Faites, je ne crains rien ! »

Effectivement, Kennedy redescendit presque aussitôt et affirma à son père que partout où son œil avait pu s'étendre, il n'avait rien vu que le canot vide qui avait amené l'inconnu.

« Eh bien, alors, fit Williams en se retournant vers celui-ci, parlez, je vous écoute. Que faut-il faire pour sauver ceux que mon fils a voulu perdre? Je suis prêt à donner ma vie pour racheter l'honneur de ma famille. Peut-être est-ce Dieu qui vous envoie. Si c'est le démon, peu m'importe! Servez-nous, j'accepte tout, dussiez-vous me proposer ensuite de vous livrer mon âme en échange de leur salut!

— Avant tout, reprit l'inconnu, il faut savoir jusqu'où est allée la délation de votre fils. »

Williams prit le bras de Michel.

« Tu entends! dit-il. Achève ta confession!

— Et songez, ajouta l'étranger, qu'en avouant la vérité tout entière, vous ferez un premier pas dans la route du repentir. Tous bons sentiments ne sont pas encore éteints dans votre conscience, j'en suis sûr. L'agitation dont vous avez fait preuve et les remords qui vous ont empêché de voiler votre crime me persuadent que votre cœur n'est pas endurci complètement. Racontez-nous tout ce qui s'est passé et ensuite espérez en la miséricorde divine ! »

Michel releva lentement la tête.

« Oui, dit-il d'une voix rauque, vous avez raison. Le remords me tue, j'ai honte et j'ai peur ! Il me semble que ce qui s'est passé n'a pas eu lieu, il me semble que j'ai été fou... Je vais tout vous avouer, et ensuite mon père me brisera le crâne s'il le veut, je sens que j'ai mérité la mort ! »

Et le jeune homme se mit à raconter, en entrant dans les plus minutieux détails, ce que nous allons dire en quelques lignes au lecteur.

En entendant le matin la conversation qui avait eu lieu entre Marcof et Surcouf, Michel n'avait pas senti germer dans son âme le mauvais sentiment qui devait, quelques heures plus tard, le conduire à l'accomplissement de son infâme action.

Il n'avait été frappé que d'une chose, c'était l'audace sans exemple dont faisaient preuve les deux Français en venant ainsi en plein jour, à une encâblure des pontons, comploter contre les Anglais, au sein même de la baie de Portsmouth.

Le nom de Marcof, aussi universellement

connu que celui de Surcouf, était familier au jeune homme, qui avait entendu raconter de ces deux hommes les traits les plus extraordinaires, les histoires les plus incroyables.

Il savait que ces deux noms faisaient la terreur de la marine marchande anglaise et provoquaient la rage de la marine militaire. Mais, nous le répétons, la pensée de les livrer ne lui était pas alors venue à l'esprit.

La nuit tombée, il s'était rendu à Portsmouth, suivant l'ordre que lui avait donné son père.

Courant les tavernes pour se tenir au courant des nouvelles (comme lui et son frère en avaient l'habitude), et se renseigner sur ce qui pouvait intéresser les prisonniers français et leurs courageux amis, il avait passé quelques heures à explorer la ville.

Partout il entendait parler de l'évasion du Britannia, de la révolte du matin et de la pendaison qui devait avoir lieu au point du jour à bord de l'un des pontons.

Dans la dernière taverne où il entra, la conversation était plus animée que dans les précédentes, et les rascals en faisaient tous les frais.

Injures et épithèthes grossières pleuvaient sur les prisonniers, et chacun se promettait plaisir et fête en assistant au supplice des victimes expiatoires.

Le nom de Lacousinnerie, qui devait être pendu le premier en sa qualité de chef, circulait dans tous les groupes.

La réputation du corsaire était assez répandue pour justifier la haine que lui portaient les matelots anglais.

« Ah ! s'écria l'un d'eux, les rascals vont demain tirer la langue au bout des vergues du Britannia !

— Et ce brigand de corsaire commencera la danse ! ajouta un autre matelot.

— Le connais-tu, toi ? demanda un troisième.

— Qui ça ?

— Lacousinnerie.

— Oui, que je le connais, à preuve que j'étais à bord de la frégate qui a croché sa corvette.

— Dans quel parage que c'était ?

— Sur les côtes du Portugal.

— Dis donc, Jack, est-ce que c'est là

que tu as laissé les deux doigts de ta main gauche? »

Le matelot qui avait répondu aux interrogations de ses camarades avança la main mutilée que désignait son interlocuteur.

« Non, dit-il en secouant la tête ; ces deux doigts-là sont restés à bord d'un autre navire, et le gredin qui les a coupés n'est pas par malheur dans la rade de Portsmouth !

— Qui donc que c'était, Jack?

— Que celui qui a taillé dans mes œuvres vives?

— Oui.

— C'était le chien des chiens, le brigand, l'écumeur de mer, le maudit, le Surcouf, enfin !

— Surcouf! s'écrièrent les autres matelots en se rapprochant vivement, tant ce nom redouté causait parmi les Anglais une émotion profonde en quelque lieu qu'il fût prononcé !

— Surcouf! répéta Michel en tressaillant.

— Tu as combattu Surcouf, toi, Jack? firent deux ou trois voix avec une intonation admirative.

— Oui, répondit Jack en se redressant, et deux fois, encore.

— Où cela?

— Dans l'océan Indien. La première, c'était en faisant partie de l'équipage du Triton; la seconde, en revenant de Rio à bord du Kent.

— Raconte-nous cela, Jack! s'écria-t-on de toutes parts.

— Volontiers! » fit le matelot qui, semblable à tous ses confrères de tous les pays, aimait fort à se voir entouré d'un nombreux et attentif auditoire.

Jack commença par tirer à lui un pot d'ale que, d'un seul trait, il vida aux trois quarts, puis il renouvela sa chique, bourra sa pipe, l'alluma lentement et, posant carrément ses deux coudes sur la table, il commença le récit des deux combats que nous avons mis successivement sous les yeux du lecteur en écrivant le Hasard et la Confiance.

A chacun de ces incroyables traits d'audace et de bravoure que Jack exposait dans son style coloré, les Anglais frémissaient de rage et interrompaient souvent le narrateur par des bordées de jurons et de malédictions.

La conversation, mise une fois sur ce terrain, ne devait pas tarir si promptement. Après Jack ce fut le tour d'un autre matelot, puis d'un troisième et d'un quatrième.

Chacun avait à citer un exploit du corsaire français; et quoique la haine dénaturât souvent l'héroïsme, qu'elle transformait en cruauté et en hasard ; quoique la colère animât ces récits, où plus d'un conteur avait été acteur énergique, l'admiration naïve perçait souvent sous les exclamations furibondes.

Michel écoutait avec un recueillement profond. Il songeait que le matin même il avait parlé à cet homme dont le nom célèbre volait de bouche en bouche.

Il se disait qu'un mot de lui, en révélant la vérité, pouvait le faire l'égal du marin le plus écouté au milieu de cette assemblée dans laquelle il se tenait pour ainsi dire inaperçu.

Michel était voisin du principal narrateur. Lorsque la conversation devint générale, le du pêcheur se hasarda à y prendre part.

« Et Marcof le Malouin, demanda-t-il au matelot dont les doigts amputés avaient servi de point de départ à cette série d'histoires maritimes. Et Marcof le Malouin, le connaissez-vous aussi celui-là ?

— Marcof! s'écria Jack en déchargeant sur la table un coup de poing formidable. Marcof le Malouin ! si je le connais, petit ? C'est-à-dire que si j'avais le choix d'une pendaison entre lui et Surcouf, je ne saurais lequel prendre !

— Marcof! fit un autre marin en s'avançant. Mon frère a été tué sur les bordages de son lougre !

— Marcof! ajouta un troisième, je donnerais mon bras droit pour le tenir au bout de la gueule de mon pistolet.

— Marcof et Surcouf! reprit Jack, ils nous ont plus tué d'hommes et plus croché de vaisseaux à eux deux que tous les amiraux français ensemble depuis le commencement de la guerre. Ah ! celui qui les jettera un jour dans la cale d'un ponton pourra se flatter d'avoir de l'agrément, que je dis. »

Et les histoires qu'avait provoquées le nom de Surcouf reprirent leur cours à propos de Marcof.

Michel écoutait avec plus d'ardeur encore. Ces deux hommes, cette double terreur de l'Angleterre, ces deux fléaux de la marine britannique causaient tous deux le matin à quelques pas de lui, sur le même bord !

Cette pensée ne pouvait sortir de son cerveau exalté par les récits divers qu'il venait d'entendre.

Sans se rendre compte encore du sentiment auquel il commençait déjà à obéir, il aurait voulu savoir ce que rapporterait la prise des deux corsaires.

Pendant ce temps, les matelots causaient toujours des prouesses de Marcof et de Surcouf, avec une animation nouvelle.

« Enfin, dit l'un d'eux en manière de péroraison, je serais encore bien plus content, si, à la place de Lacousinnerie, c'était Surcouf ou Marcof qu'on accrochât demain matin au bout d'un grelin ! Je donnerais bien encore, pour voir ça, plus d'une année de ma paye ! »

Un murmure d'approbation accueillit ces paroles. Le matelot qui venait de les prononcer se trouvait assis en face de Michel.

« Pas vrai, petit, dit-il en s'adressant à l'Irlandais, que tu penses comme moi ?

— Sans doute ! répondit Michel, mais

malheureusement on ne tient ni Marcof, ni Surcouf.

— C'est vrai. Ah! celui qui pourrait crocher l'un ou l'autre aurait de l'agrément, comme disait Jack.

— Et celui qui les crocherait tous les deux? fit Michel par manière de réflexion.

— Celui-là, mon fiston, sa fortune serait faite et il pourrait se promener pour le reste de ses jours dans une calèche à quatre chevaux.

— Combien qu'on lui donnerait donc? dit Michel avec étonnement.

— Mais quelque chose comme vingt mille livres sterling par rascal, mon petit. Comme qui dirait un million de francs!

— Vous croyez? demanda encore Michel, qui n'avait jamais eu l'idée que les deux hommes dont il avait écouté la conversation quelques heures plus tôt, valussent ensemble une pareille somme pour les livrer aux autorités anglaises.

— Tiens! si je le crois! répondit le matelot. C'est que j'en suis sûr. Va-t'en me demander cela aux bureaux de l'amirauté et tu verras! »

Michel baissa la tête et ne répondit pas.

Une horrible tentation s'offrait à son esprit. Il pensait à sa mère et à ses sœurs vivant dans la misère, à son père travaillant pour gagner le pain de chaque jour après avoir été riche en Irlande ; il regardait avec effroi son avenir, à lui, dénué de toute espérance, et une voix, qu'il n'osait encore écouter cependant, lui disait qu'il ne dépendait que de lui de transformer cette misère, cette abnégation, ce triste sort en fortune, en plaisir, en bonheur !

Le fils du pêcheur connaissait à peine Surcouf, il n'avait fait qu'entrevoir Marcof. Aucun lien d'amitié ne l'attachait à eux.

Surcouf avait contraint tout d'abord Williams et ses enfants à le servir. Il leur avait promis une récompense, il est vrai, mais qu'était-ce que cette récompense comparée au million qu'eût donné le gouvernement anglais ?

Cependant les bons sentiments opposaient une lutte vigoureuse à l'envahissement de la fatale pensée.

Trahir, livrer des êtres qui se sont fiés à vous, n'est pas d'ordinaire le fait d'un homme de vingt-deux ans.

Il faut que le cœur ait été séché par la déception ou gangrené par le vice, pour que la loyauté n'existe plus dans l'âme, et Michel avait à peine vécu.

Mais la misère est si mauvaise conseillère, la fortune gagnée d'un seul coup a tant d'attraits!...

Peu à peu, Michel en arrivait à une transaction avec sa conscience.

D'ailleurs, le temps pressait : il savait que dans quelques heures la tentative d'évasion allait avoir lieu, et que, par conséquent, s'il hésitait longtemps, il serait trop tard pour agir et que l'occasion unique qui se présentait d'être en possession d'une immense richesse n'existerait plus.

La fièvre commençait à troubler le cerveau du jeune homme, et un léger tremblement agitait convulsivement ses mains mouillées de sueur.

Jetant sur la table une pièce de monnaie pour solder la petite dépense qu'il avait faite, il se hâta de sortir de la taverne.

L'air froid de la nuit en le frappant au visage, loin d'atténuer la force des pensées qui brûlaient son cerveau, en augmenta au contraire l'intensité, par ce phénomène qui fait souvent qu'un homme, après de longues libations, sent son ivresse se compléter brusquement au contact de l'atmosphère plus pure.

Bientôt, sans que Michel crût que sa volonté l'eût guidé, il se trouva en face des bureaux du transport-office.

VIII

Trahison!
(SUITE.)

Sept heures venaient de sonner, et l'évasion, Michel le savait, devait avoir lieu à minuit.

Une muraille seule le séparait de la fortune, et cette muraille était percée d'une porte dont les deux battants étaient ouverts.

La tentation devint plus pressante.

Durant dix minutes, Michel hésita encore: un combat effrayant avait lieu en lui. Enfin, comme cela n'arrive que trop fréquemment dans la nature humaine, les mauvais sentiments l'emportèrent sur les bons, et le jeune homme se précipita comme un fou dans la cour.

Un bureau était éclairé. Il y entra résolûment.

« Que voulez-vous? demanda brusquement l'un des employés.

— Savoir ce qu'on donnerait en échange de Marcof et de Surcouf, les corsaires? » répondit Michel d'une voix frémissante.

L'employé releva l'abat-jour qui couvrait sa lampe de travail pour être mieux à même d'examiner son interlocuteur, qu'il prit tout d'abord pour un fou.

Mais en constatant l'expression de cette physionomie aux traits accusés, il comprit que l'homme qui venait de lui adresser cette singulière question était bien possesseur de toute sa raison.

Il voulut l'interroger, peut-être pour profiter des bénéfices d'une révélation dont il était encore loin de soupçonner la valeur et l'étendue, mais Michel se borna à répéter sa question sans vouloir répondre à celles qui lui étaient adressées.

« Est-ce vrai qu'on donnerait un million? disait-il.

— Je ne sais, mais je le crois, répondit enfin l'employé ; revenez demain, vous parlerez à l'agent général du transport-office.

— Demain ! s'écria Michel, mais dans une heure, il sera trop tard.

— C'est donc sérieux ! » fit l'employé.

Michel le regarda avec une expression telle, que son interlocuteur ajouta vivement :

« Venez ! si vous avez des révélations importantes à faire, vous serez bien récompensé. »

Et il le conduisit à l'agent général.

Que pourrions-nous dire maintenant que le lecteur ne devine pas?

Une fois en présence de l'agent, Michel ne pouvait plus reculer, l'eût-il voulu. A force de promesses, de menace et d'adressé, l'officier anglais apprit tout ce que savait le jeune homme.

Seulement, la présence de Surcouf et de Marcof à Portsmouth lui paraissait un fait tellement incroyable, qu'il n'osa s'arrêter à cette pensée que l'Angleterre tenait enfin à sa merci deux de ses plus cruels ennemis.

Heureusement pour les corsaires, deux points du complot étaient restés dans l'ombre pour Michel, en écoutant la conversation du matin.

Dans le plan déroulé par Marcof et discuté par Surcouf, l'affaire de Gosport (le projet d'enlèvement du Georges) ayant été approuvée d'avance par les deux amis, n'avait pas été rappelée par eux durant la conversation.

Toutes les fois qu'il avait été question du corsaire anglais, Marcof et Surcouf avaient dit simplement la frégate, sans prononcer le nom du bâtiment.

De même à propos du Britannia, qu'ils appelaient le ponton.

De sorte que, tout en sachant qu'une frégate devait jouer un grand rôle dans la tentative de la nuit, qu'une évasion entière devait avoir lieu à bord d'un ponton, Michel n'avait pu dire ni de quelle frégate ni de quel ponton il s'agissait.

De plus, la crainte de voir inquiéter son père lui avait interdit de parler du chasse-marée.

A la question de l'agent général, qui lui demanda où il avait entendu la conversation qu'il venait de rapporter, Michel répondit que c'était à Gosport, sur la côte, le soir même, caché qu'il était derrière un rocher.

Cette réponse, qui s'accordait parfaitement avec la disparition de la chaloupe poursuivie la veille jusqu'à la pointe de Gosport, où elle avait disparu et échappé à toutes recherches, parut satisfaire pleinement l'officier.

Une somme importante en or fut immédiatement remise à Michel pour prix de sa délation, avec promesse, si ce qu'il avait dit se justifiait, et si les deux corsaires tombaient entre les mains des Anglais, d'une récompense qui devait dépasser le million rêvé.

Puis l'agent s'était élancé hors de l'appartement pour courir chez l'amiral et prendre avec lui les mesures nécessaires.

Les circonstances pressaient tellement que la pensée de faire garder Michel à vue, pour s'assurer de sa personne, ne vint même pas à l'esprit du chef du transport-office.

Le jeune homme, demeuré seul, regagna la rue; et, la tête bourrelée, les poches pleines de livres sterling, il se dirigea, sans avoir conscience de ce qu'il faisait, vers le canot qu'il avait amarré à un anneau du quai.

« Alors, dit l'inconnu, lorsque Michel eut achevé son récit ou pour mieux dire la confession entière de son crime ; alors, le transport-office ignore et le nom du ponton sur lequel doit éclater le complot, et la présence de cette barque de pêche dans la rade ?

— Oui, répondit faiblement Michel.

— Eh bien ! demanda Williams dont les traits horriblement contractés décelaient la souffrance morale ; eh bien ! que faut-il faire, maintenant ? »

L'inconnu parut réfléchir profondément ; puis, relevant enfin sa tête toujours enfoncée sous l'épais capuchon de son caban :

« Je ne vous demanderai même pas où est Surcouf, dit-il, afin de ne pas alarmer votre conscience ; mais vous savez où le trouver, n'est-ce pas ?

— Peut-être.

— Alors, partez, partez sans retard.... allez le rejoindre et dites-lui la vérité.

— Et vous, que ferez-vous ? Allez-vous demeurer ici ?

— Non ; je vais partir aussi et savoir par moi-même quels sont les ordres donnés par le transport-office. Que l'un de vos fils reste sur cette barque. Avant une demi-heure je lui aurai fait transmettre le double de ces ordres qu'il fera passer ensuite à Surcouf. Comprenez-vous?

— Parfaitement.

— Alors, c'est convenu?

— Oui ; mais, avant de nous quitter, vous me direz qui vous êtes.

— Que vous importe?

— Votre présence ici n'est-elle pas une trahison nouvelle?

— Le croyez-vous?

— Non !

— Eh bien ! alors, agissez de votre côté comme j'agirai du mien. Sachez seulement que, pour servir Surcouf et Marcof, je joue ma vie, et plus que ma vie, mon honneur !

— Allons ! s'écria Williams, Dieu nous aide ; je me fie à lui : je n'hésite plus ! Partez, je vais vous obéir et j'emmènerai avec moi ce traître, ajouta-t-il en désignant Michel. C'est à Surcouf à le punir ; je le lui abandonne. »

Quelques secondes après, le mystérieux personnage quittait le chasse-marée, et, descendant dans son canot, s'éloignait rapidement au milieu du brouillard, tandis que Williams et Michel s'apprêtaient à aller rejoindre Surcouf.

Kennedy devait attendre les ordres envoyés par l'inconnu.

Pendant que Michel, confessant sa trahison, sentait le poids des remords écraser sa poitrine, le second acte de la comédie, commencée le matin à bord du Georges, s'apprêtait à être joué par les hardis acteurs qui, ignorant le péril prêt à éclater sur eux, quittaient la pointe de Gosport avec l'espérance au cœur.

Ceci nous reporte à l'heure même où Williams, le couteau levé sur son fils, menaçait l'existence du coupable.

Le brouillard qui couvrait la baie, et contre lequel luttaient encore dans le port et la rade les feux de la ville et ceux des bâtiments au mouillage, était plus intense de l'autre côté du golfe.

Les barques des pêcheurs dont nous avons parlé formaient un amas confus le long du rivage, et leur masse noire se détachait à peine au milieu des ténèbres.

Tout à coup, cependant, à l'instant que nous venons de rappeler, une agitation vive parut se produire au centre même de cette réunion de canots de toute espèce.

Cette agitation se communiqua peu à peu à l'extrémité nord, et du sein de ces barques, pressées les unes contre les autres, s'échappa un léger esquif, sorte de yole semblable à celles affectées au service des officiers supérieurs dans les rades.

Cette yole, armée de huit avirons, contenait outre les rameurs et le patron, un homme assis à l'arrière.

A peine débarrassée des entraves que les barques de pêche opposaient à sa course, elle s'élança, rapide et légère, dans la direction de Portsmouth, filant comme un oiseau de mer sur les vagues de la baie.

Au même instant un grand canot, opérant une trouée dans un sens opposé, se dégagea à son tour de la masse flottante, et parut mettre le cap sur l'île de Wight dont les lumières apparaissaient au milieu de l'opacité du brouillard comme des charbons ardents au fond d'un âtre noir.

Ce canot traversa la baie du nord au sud, et, arrivé à la hauteur de la ville de Cowes, il courut une bordée à l'est, vira de bord ensuite et revint droit sur le Georges dont la coque, encore alourdie par son chargement, plongeait dans les eaux foncées du petit port.

Le capitaine Swindon, fumant un cigare, se promenait à l'arrière, inspectant de temps à autre l'horizon avec une manifeste impatience.

Enfin, un bruit de rames fendant la mer parvint jusqu'à son oreille et le fit tressaillir.

Au même instant un petit mousse s'approcha de lui.

« Un canot à bâbord, commandant, dit l'enfant en portant la main à son bonnet de laine.

— Enfin, s'écria Swindon, ce sont nos hommes ! Je croyais, Dieu me damne, que les drôles s'étaient joués de moi et qu'ils ne reviendraient pas. Va prévenir le cambusier afin qu'il prépare les rations de rhum, et dis au maître de venir me parler. »

L'enfant disparut par l'ouverture d'une écoutille, et un marin se présenta à son tour devant le chef. C'était le maître d'équipage du Georges.

« Où sont vos hommes ? demanda Swindon.

— Les trois qui restent à bord sont à l'avant, commandant.

— Eh bien ! dites-leur de se préparer à recevoir leurs camarades. J'entends que la réception soit bonne ! Vous comprenez, Jack ; il est urgent que la réputation du Georges se répande parmi les matelots, afin qu'à notre prochain mouillage nous ayons à choisir.

— Oui, commandant, » répondit le maître qui approuvait fort la politesse de son chef, surtout lorsqu'il avait, comme cette fois, la perspective d'un bidon de rhum à vider.

Pendant cet échange de paroles, le canot signalé approchait rapidement.

Le maître se pencha sur le bastingage de bâbord.

« Oh ! du canot ! cria-t-il.

— Oh ! répondit une voix rude.

— Qui es-tu ?

— Je suis l'équipage du Georges, fit la voix avec cette phraséologie particulière à l'homme de mer.

— C'est bon, alors ! On va te jeter une amarre ; accoste !

— Laisse aller, » ordonna la même voix en s'adressant aux canotiers.

Ceux-ci levèrent vivement leurs rames ; le canot, obéissant à sa propre vitesse, longea la muraille du navire, et un matelot placé à l'avant, recevant à la volée une corde lancée par le maître d'équipage du Georges, l'enroula solidement autour du premier banc.

L'embarcation s'arrêta immobile au pied de l'escalier de bâbord.

« Monte tout le monde et attention à la manœuvre ! dit un homme en sautant du canot sur la première marche de l'escalier.

— Ah ! c'est vous, mon brave Tom ! fit Swindon en s'avançant à la rencontre du marin qui posait le pied sur le pont du Georges.

— Oui, répondit Tom ; et voici les camarades.

— Vous avez tenu votre parole, je tiendrai la mienne. Voici mes matelots qui vous attendent, et les rations de rhum sont préparées.

— C'est là tout ce qui est à bord ? demanda Tom en désignant du geste les trois marins et le maître qui composaient pour le moment, avec le commandant, tout l'équipage du Georges.

— Oui, mon ami, répondit Swindon.

— Alors, ce ne sera pas long. En avant, les autres ! »

A ce cri, et avant que Swindon et les siens eussent pu se douter de ce qui les menaçait, les matelots nouvellement arrivés se ruèrent sur l'équipage du Georges.

En un clin d'œil, commandant, maître, matelots, cambusier, et jusqu'au petit mousse, furent renversés, terrassés et solidement garrottés.

« Descends tout dans la cale, excepté le commandant, » cria Surcouf en dépouillant les vêtements qui recouvraient le faux matelot anglais, et en déployant aux yeux stupéfaits de Swindon toute sa fiévreuse énergie.

Les ordres du corsaire furent exécutés avec une rapidité qui tenait du miracle.

Les marins français, à la tête desquels on remarquait Bléas, Lioris, Gatifet, Karnac et le père Mal-en-train, le vieux maître du Hasard et de la Confiance, se répandirent ensuite dans la frégate, la visitant de la cale aux flèches des perroquets pour s'assurer qu'ils étaient bien maîtres absolus du navire et qu'aucune ruse n'était recouverte par cette solitude apparente.

Complètement satisfaits sur ce point, ils revinrent sur le pont au moment où Surcouf, aidé de Bléas, attachait Swindon au pied du mât d'artimon, en face de la barre du gouvernail.

Le corsaire anglais était brave.

Surpris d'abord, il avait néanmoins opposé une résistance énergique que la force herculéenne de Surcouf eut peine à réduire.

Garrotté solidement maintenant et lié au pied de son mât de commandement, il écumait de rage et de colère.

« Traître ! lâche ! infâme ! hurlait-il en s'adressant à Surcouf et en roidissant ses membres dans la chair desquels les cordes entraient en se tendant.

— Qu'est-ce que c'est ? répondit le Malouin d'un ton railleur. Tu n'es pas encore content ? Cependant il me semble que je t'ai tenu parole. Tu m'as demandé un équipage, je t'en ai amené un, et tu verras que celui-ci n'est pas novice. Ta frégate n'aura jamais couru de si belles bordées ! »

Et comme Swindon hurlait plus fort encore et se répandait en invectives nouvelles,

Surcouf ordonna qu'on lui mît un bâillon.

« Maintenant, ajouta-t-il, Ripeaut a dû accomplir sa mission : songeons à ce que nous avons à faire. Gatifet, prends ta hache, mon enfant, et coupe les câbles, on n'a pas le temps de déraper. Karnac, descends dans la première batterie avec dix hommes et pare-moi vivement les canons, en cas d'alerte. En haut, les autres! La brise est nord-ouest, elle nous poussera dans la rade en lui donnant un peu de toile. Larguez les basses voiles et visitez la mâture. Que tout soit en état! Lioris, veille à l'avant, mon vieux, tu me serviras de second. Et maintenant, enfants! du calme, de l'audace, du nerf, de l'œil et des bras, et silence partout !

— Mais, fit observer Lioris, connais-tu bien la baie pour diriger la frégate par le brouillard qui nous entoure? Songe qu'il faut mouiller à deux encâblures du Britannia ; si tu allais te tromper de route !

— Sois calme ; Gatifet connaît la rade, il tiendra la barre, et puis, ce brave ami nous guidera! »

En disant ces mots, Surcouf désigna de la main gauche le capitaine Swindon, tandis que, prenant de la droite un pistolet passé à sa ceinture, il en tourna le canon menaçant vers la poitrine du corsaire anglais.

« Si je fais fausse route et si tu ne t'en aperçois pas, dit-il froidement, je te fais sauter le crâne. Et pour que tu ne doutes pas de mes paroles, je te dirai que je m'appelle Surcouf. »

En entendant ce nom si connu et si redouté, les yeux de Swindon lancèrent deux éclairs qui eussent infailliblement pulvérisé l'audacieux Malouin si les regards de l'Anglais eussent eu la puissance de la foudre.

En cet instant un coup violent, qui retentit sur la muraille du navire au-dessous de l'écubier de bâbord, annonça que Gatifel venait de trancher le câble qui soudait la frégate à l'ancre mouillée dans le port de Cowes.

Le sifflet de Mal-en-train retentit faiblement dans la nuit, et comme s'il eût compris ce signal et qu'il l'eût attendu avec impatience pour s'élancer, le navire frémit sur sa quille, ses mâts craquèrent, il s'inclina lentement sur sa hanche de tribord, opéra gracieusement son abattée et tourna son beaupré dans la direction de Portsmouth.

Le brouillard était alors plus opaque et

paraissait à chaque minute augmenter d'intensité.

Tout à coup Mal-en-train qui, se tenant à l'avant, examinait avec une scrupuleuse attention les flots sombres dans lesquels la frégate creusait doucement sa route, Mal-en-train crut apercevoir à une courte distance une masse noire se détacher dans l'obscurité de la nuit.

Dans la situation où se trouvaient les Français, tout pouvait être péril.

Le vieux maître sauta sur la poulaine, s'allongea sur le beaupré, et, suspendu ainsi au-dessus de l'abîme, il concentra ses regards sur le point suspecté.

« C'est un canot, » murmura t-il.

Et quittant vivement son poste, il franchit de nouveau les bastingages et courut vers Surcouf.

« Un canot ! lui dit-il.

— Où ? demanda brusquement le corsaire.

— Par le bossoir de tribord.

— Si tu le vois, il doit nous voir !

— Sans doute.

— Et il vient sur nous ?

— Tout droit.

— Serait-ce Ripeaut de Monteaudevert? murmura le Malouin avec une anxiété profonde ; s'il revient, il a donc échoué ? Impossible ! Il ne reviendrait pas alors, il serait mort !

— Que faut-il faire ? demanda Mal-entrain.

— Laisse arriver ! Lioris le hélera en anglais. »

Effectivement, sur l'ordre de Surcouf, Lioris passa sur l'avant afin de reconnaître l'embarcation ; mais celle-ci, au lieu de répondre, courut droit sur le Georges et se rangea bord à bord avec lui.

« France ! dit à voix basse l'un des deux hommes qui montaient le canot, répondant par ce simple mot au geste menaçant de Lioris qui, en voyant la manœuvre de la barque légère, s'était précipité sur l'escalier le pistolet au poing.

— Que veux-tu ? demanda le corsaire.

— Parler à Surcouf au nom de votre salut à tous.

— Laisse monter ! cria le Malouin, c'est Williams.

Puis, lorsque celui-ci, suivi de Michel, eut atteint le pont de la frégate :

« Pourquoi as-tu quitté ta barque? demanda-t-il brusquement. Que signifient les paroles que tu viens de prononcer ?

— J'ai quitté ma barque pour venir te sauver, et mes paroles signifient qu'il était temps que je te prévinsse.

— De quoi ?

— Vous avez été trahis?

— Trahis ! s'écria Surcouf tandis que ses compagnons se regardaient avec terreur. Trahis ! Quand cela ?

— Ce soir.

— Par qui ?

— Par cet homme ! »

Et Williams saisissant Michel le fit tomber à genoux devant le corsaire.

« Par ton fils ? s'écria Surcouf stupéfait.

— Oui ; j'ai voulu le tuer déjà, mais je n'ai pas pu. Maintenant, il t'appartient : punis-le !

— Mais, fit le Malouin qui, avant de songer à la punition du traître, pensait à l'effrayant danger que couraient en ce moment ses amis et lui-même, mais comment cela est-il arrivé? Au nom du ciel, explique-toi !

— Je vais le faire, dit Williams ; je ne suis venu ici que pour tout t'apprendre et pour payer de ma vie, s'il le faut, la trahison de mon fils. »

Et au milieu du recueillement et de l'anxiété générale, l'Irlandais commença le récit de ce qui s'était passé le soir même à bord du chasse-marée.

Nous le laisserons raconter la scène terrible que le lecteur connaît, et nous retournerons au cottage de sir Georges ; la multiplicité des événements se passant presque à la même heure nous contraignant à expliquer ce qui s'accomplissait simultanément à terre et en mer, au cottage de Cœlia, au bureau du transport-office, dans le port de Cowes et dans la rade de Portsmouth.

IX

L'aide de camp.

En parlant ainsi qu'il l'avait fait, en opposant à l'ordre du transport-office l'état alarmant dans lequel se trouvait Marthe, l'excellent Fuller avait voulu essayer d'un moyen suprême de protéger la jeune femme et se refuser légalement à la livrer aux mains des deux hommes dont l'abominable caractère ne lui était que trop connu.

Puis le bon docteur, ignorant ce qui s'était passé entre la jolie Bretonne et le commandant du Britannia, ne pouvait deviner l'intérêt qui faisait agir Rawlow dans cette affaire, et il espérait vaguement qu'en gagnant du temps, à l'aide d'une discussion sur la santé de Marthe, il arriverait peut-être soit à la découverte de la vérité, soit à trouver une ruse pour éconduire les agents du transport-office, sans qu'ils emmenassent celle qu'ils venaient chercher.

Marthe, après le départ de Cœlia et de Fuller, était retombée sur sa couche, épuisée par les émotions qu'avait fait naître en elle le double récit de la femme du commandant du Protée.

Tout entière au bonheur d'avoir trouvé des protecteurs là où elle craignait de rencontrer des ennemis, elle se livrait à l'espérance de revoir bientôt son mari libre et ses amis sains et saufs.

Les noms de Gatifet, de Surcouf et de Marcof étaient sans cesse murmurés par ses lèvres décolorées, qui laissaient échapper la prière que la jeune femme adressait à la Vierge avec cette ferveur et cette foi particulières aux filles de la Bretagne.

Trop faible encore pour se rendre un compte exact de tout se qui se passait autour d'elle, elle avait à peine remarqué l'entrée du valet et la sortie de Cœlia et du médecin.

Bientôt un calme profond s'empara d'elle.

Son cerveau malade lui donnait une existence factice semblable à celle que procure l'opium.

Elle était éveillée, et cependant elle rêvait.

Oubliant ses douleurs passées et le danger présent, elle se croyait transportée en France, à Saint-Malo, dans la maison de Madame Surcouf.

Autour d'elle étaient Surcouf, Marcof et leurs amis ; auprès d'elle se tenait Gatifet, dont elle croyait presser les mains dans les siennes.

Le brave marin, plus épris que jamais, murmurait à son oreille de ces phrases charmantes dont elle entendait les mots confus.

La douce expression du bonheur remplaçait peu à peu sur le visage de la jeune femme les crispations nerveuses qui le décomposaient quelques heures auparavant.

Souriante et calme, Marthe était en proie à ces songes heureux et bienfaisants, lorsque la porte de sa chambre s'ouvrit doucement et que Cœlia apparut sur le seuil, suivie tout d'abord d'un personnage que la malade prit, dans l'ombre, pour le médecin.

Faisant un effort pour se soulever, Marthe tendit les mains à sa gracieuse hôtesse; mais tout à coup ses traits se contractèrent, sa bouche s'ouvrit en laissant échapper un cri de rage et de désespoir, et, se dressant complètement sur son lit, elle étendit le bras avec un geste menaçant.

Rawlow venait d'entrer à la suite de Cœlia!

La pauvre enfant, en reconnaissant subitement celui aux violences duquel elle n'avait échappé que par un miracle d'énergie, se sentit saisie par un tremblement effrayant.

Trompée par les apparences, elle crut à un complot ourdi contre elle et à la complicité de Cœlia et de Fuller.

« Ah! s'écria-t-elle en lançant à la jeune Anglaise un regard chargé de mépris et de colère, ah! je savais bien que vous vous jouiez de moi! Je disais bien que je les avais perdus! Infâme! vous les avez livrés, n'est-ce pas? et vous me livrez moi-même!

— Qui vous a livrée, mon enfant? s'écria Weis en bondissant vers le lit avant que Fuller eût pu le retenir. Parlez, je suis votre ami; qui veut vous livrer?

— Elle! elle! » répéta Marthe, dont la tête s'embarrassait de nouveau.

Et du doigt elle désignait toujours Cœlia. La malheureuse créature, sous l'empire de la terreur que la vue de Rawlow avait réveillée dans son esprit, n'était même plus en état de comprendre la terrible portée de ses paroles.

« Elle! répéta-t-elle encore avec un geste convulsif. Elle m'a dit qu'elle aimait Surcouf, qu'elle aimait Marcof; qu'elle voulait protéger les Français, et elle mentait pour mieux nous perdre tous. »

L'accusation prononcée par Marthe, l'interrogation du docteur Weis, l'explication donnée par la Bretonne, tout cela s'était accompli avec la rapidité de la foudre.

Cœlia, atterrée, reculait en pâlissant.

Weis se tourna vers Rawlow.

« Il me semble, dit-il, que les paroles que nous venons d'entendre sont assez claires.

— Cette femme a le délire, je vous en préviens! s'écria Fuller en s'avançant.

— Le délire, moi! Tu mens! j'ai toute ma raison! fit Marthe avec cette lucidité particulière à l'état dans lequel elle se trouvait, et qui permet au malade de comprendre ce qu'il entend, sans qu'il puisse se rendre compte du sentiment qui le porte à répondre.

— Cette femme a tout son bon sens, monsieur, dit Weis dont les yeux brillaient d'une joie sauvage.

— Elle a la fièvre! répondit Fuller.

— Oui, mais elle ne délire pas.

— Je soutiens que si!

— Je maintiens que non!

— La plaie qu'elle s'est faite à la tête entraîne un désordre dans les idées.

— Cette plaie est trop légère pour produire un tel résultat.

— Monsieur Weis, vous profitez de la folie d'un malade pour servir votre haine contre un honnête homme! s'écria Fuller, dont l'indignation ne pouvait plus se contenir en présence du danger. Ce que vous faites est infâme.

— Commandant! fit le docteur en s'adressant à Rawlow, je vous prends à témoin que cet homme, mon subordonné, m'insulte gravement !

— Taisez-vous, Fuller, je vous en conjure ! s'écria Cœlia en se précipitant entre les deux médecins.

— Il faut emmener cette femme ! » dit Rawlow en s'avançant vers le lit de la malade.

Mais, en voyant le commandant du Britannia s'approcher d'elle, Marthe, dont le délire noyait le cerveau, se prit à pousser des cris déchirants.

« Il y a là-dessous quelque terrible mystère ! dit Fuller en reprenant son sang-froid habituel, peut-être quelque crime !

— Madame ! fit Weis en s'adressant à Cœlia, je vous ordonne, au nom du transport-office, de faire conduire cette femme dans ma voiture ! »

Et comme Cœlia, éperdue, terrifiée, ne paraissait pas entendre, Weis se dirigea vers un cordon de sonnette et sonna.

Un valet parut aussitôt.

« Prenez cette femme ! dit le médecin, et portez-la dans ma voiture ! »

Marthe, dont la folie semblait atteindre

le paroxysme de l'exaltation, se roulait sur sa couche en proie à une attaque nerveuse effrayante.

A ses cris avait succédé un flot de paroles qui s'échappaient de ses lèvres en phrases saccadées, et malheureusement chacune de ces phrases était une accusation nouvelle contre sir Georges, car, dominée par l'idée que Cœlia avait voulu usurper sa confiance en lui racontant des histoires mensongères pour la livrer ensuite à Rawlow, elle exhalait, avec une rage convulsive, des reproches qu'elle appuyait des souvenirs du récit.

Weis se pressait les mains avec une joie qu'il ne cherchait plus à dissimuler, car il comprenait qu'innocent ou non, sir Georges pouvait à juste titre être accusé de complicité avec les Français, et de trahison envers sa patrie.

Fuller lançait autour de lui des regards sombres et tordait ses doigts crispés.

Cependant, sur l'ordre de Weis, le domestique s'était approché de Marthe et se disposait à l'enlever dans ses bras, en dépit des efforts qu'elle faisait pour se cramponner aux rideaux du lit.

Déjà Rawlow ouvrait la porte de la chambre, tandis que Cœlia, tombée à demi évanouie sur un siége, cachait sa tête dans ses mains glacées; déjà Weis, triomphant, souriait avec cette expression du tigre qui emporte sa proie, lorsque des coups redoublés retentirent soudainement dans le silence de la nuit.

Ces coups étaient frappés à la porte du cottage.

Fuller se rapprocha rapidement de la fenêtre.

A la lueur de deux torches que portaient deux matelots, il aperçut un homme revêtu du costume d'officier anglais, et qui, avec le pommeau de son épée, martelait énergiquement la partie pleine de la grille.

« Qu'est-ce que cela? » fit-il en se penchant encore, tandis que Rawlow et Weis se regardaient avec une vague inquiétude et que Cœlia bondissait en avant.

Mais avant que chacun eût le temps d'accomplir un mouvement, la porte d'entrée s'était ouverte, l'officier s'était élancé dans la cour, avait pénétré dans la maison, et on entendait le bruit de ses pas résonner dans le vestibule.

« Mon Dieu ! serait-ce l'annonce d'un malheur ! » s'écria Cœlia dont toute la pensée était concentrée sur le danger qui menaçait sir Georges.

Le domestique qui s'apprêtait à emporter Marthe, laissa la jeune femme retomber sur le lit où elle demeura immobile.

La nouvelle et terrible secousse qu'elle venait de recevoir, l'avait privée de sentiment.

La porte de la chambre s'ouvrit alors brusquement, et un second valet, s'effaçant respectueusement sur le seuil, annonça à voix haute :

« L'aide de camp de Sa Grâce le lord amiral ! »

Rawlow et Weis tressaillirent involontairement, Fuller fit un pas en avant, et un homme de haute stature, âgé d'environ quarante ans, se présenta encadré par le chambranle de la porte.

Cet homme à la tenue roide, et toute militaire, portait cependant avec aisance les insignes et l'uniforme du corps d'état-major de la marine royale.

Le nouvel arrivant s'inclina légèrement devant Cœlia, en face de laquelle il se trouvait; et, sans paraître attacher la moindre attention à l'expression si différente de la physionomie des quatre personnes occupant la pièce dont il venait de franchir le seuil, il se dirigea droit vers Rawlow dont le costume avait paru tout d'abord attirer ses regards.

« Le commandant du Britannia? dit-il d'une voix brève et interrogative.

— C'est moi, monsieur! répondit Rawlow, rendu stupéfait par l'arrivée inopportune d'un envoyé de son chef suprême.

— Et voici le docteur Weis, sans doute? continua l'aide de camp en se retournant vers le médecin.

— Moi-même répondit celui-ci, aux ordres de Sa Grâce le lord amiral.

— Messieurs, il faut que vous ayez l'obligeance de me suivre à l'instant tous deux, reprit l'officier. J'ai ordre de vous conduire immédiatement à bord du Britannia où vous attend l'amiral.

— L'amiral sur mon ponton! s'écria Rawlow, que se passe-t-il encore?

— Un complot nouveau que vous n'avez pas su prévenir, » répondit l'aide de camp.

Rawlow devint pourpre.

« Encore ! balbutia-t-il.

— Mais, dit Weis, ma présence alors n'est pas nécessaire, car je suis médecin, et...

— Sir Edgard vient d'être atteint par le typhus, interrompit l'officier.

— Sir Edgard ! s'écria Weis, c'est donc cela, monsieur que je n'avais pas l'honneur de vous reconnaître, car c'est ordinairement sir Edgard qui remplit les fonctions d'aide de camp.

— C'est vrai, monsieur ; mais comme la maladie l'a frappé subitement, Sa Grâce a daigné faire demander un officier de l'escadre pour remplir ce poste de confiance, et le bonheur a voulu que le choix tombât sur moi. Veuillez donc avoir la bonté de me suivre sans tarder, car l'amiral, qui vous croyait tous deux à Portsmouth où je vous ai d'abord cherchés, doit s'impatienter de votre retard à se rendre à ses ordres.

— Mais, dit Rawlow, nous agissions ici en vertu d'un ordre de l'agent général du transport-office.

— Dois-je reporter cette réponse à l'amiral et partir sans vous ? demanda l'aide de camp sans sourciller.

— Non pas, monsieur ! je vous suis, répondit vivement le commandant du Britannia.

— Cependant, fit observer Weis, il s'agit du bien de l'Angleterre. Nous devons accomplir la mission qu'on nous a confiée. Il s'agit...

— Pardon, docteur, interrompit brusquement l'aide de camp. Je n'ai rien à entendre. J'ai des ordres précis à vous transmettre, voilà tout. Sa Grâce m'a commandé de vous conduire à bord du Britannia toute affaire cessante, et je dois me renfermer dans les expressions même dont s'est servi le lord amiral.

— Eh bien! dit Weis, nous pouvons accorder la mission reçue par le transport-office avec le respect que nous devons aux ordres de milord. Ma voiture est à la porte, nous allons vous suivre, et nous serons à Portsmouth aussitôt que vous. »

Et le docteur fit signe au domestique qui se tenait près de Marthe, de reprendre son léger fardeau.

Mais l'aide de camp secoua la tête :

« Je suis venu par mer, dit-il, mon canot attend au rivage, et j'ai ordre de ramener avec moi le commandant Rawlow et le docteur Weis.

— Cependant, monsieur...

— Mes ordres sont formels.

— Permettez-moi de vous faire observer....

— Je n'ai pas à interpréter les ordres reçus.

— Mais...

— Commandant, et vous docteur, je vous somme d'obéir! fit l'aide de camp dont la patience paraissait être singulièrement fatiguée par les observations du médecin.

— Eh bien ! fit Weis avec colère, emportons cette femme que nous devons emmener.

— Impossible! dit encore l'aide de camp, mes ordres ne concernent que vous deux !

— Nous vous suivons, monsieur! » fit Rawlow en faisant un pas pour sortir.

Weis pinça ses lèvres pâles, lança sur Marthe et sur Cœlia un regard de vipère, et suivit le mouvement commencé par le commandant du Britannia.

L'aide de camp, voyant ses deux interlocuteurs décidés enfin à partir, se dirigea vers la porte, dont il franchit le seuil après avoir de nouveau salué froidement Cœlia.

Rawlow et Weis, étonnés, inquiets et furieux, descendirent les degrés de l'escalier à la suite de l'envoyé du lord amiral.

Cœlia et Fuller, le front collé aux vitres de la fenêtre, les virent traverser la cour et sortir de la maison en compagnie des deux matelots porteurs de falots qui étaient venus avec l'aide de camp. Puis le petit cortége s'effaça dans le brouillard épais qui régnait au dehors, et dont l'opacité était toujours telle, qu'il était impossible de distinguer nettement les objets à quatre pas devant soi.

X

La liberté!

Une demi-heure environ après l'arrivée de Williams et de son fils à bord du Georges, le corsaire anglais, devenu la proie des intrépides compagnons de Surcouf, venait mouiller bravement à cinquante brasses au plus du ponton le Britannia, au centre même de la baie et sous les canons des forts de la ville.

Il fallait être Surcouf pour faire preuve d'une pareille audace.

Au moment où le cordage de la petite ancre filait sur les fers de l'écubier, trois hommes quittant le pied du mât d'artimon, où ils étaient en conférence depuis quelques instants, s'avancèrent vers l'escalier du bâbord et le descendirent rapidement.

L'un de ces hommes était Surcouf, les deux autres étaient Gatifet et Lioris.

Ces derniers tenaient de chaque main un volumineux sac goudronné, fermé hermétiquement à ses extrémités et bourré comme une outre gonflée par le vent.

Arrivés sur la petite plate-forme formant la base de l'escalier, et à quelques pouces de laquelle on apercevait en dessous la nappe sombre formée par les eaux de la rade, Gatifet et Lioris déposèrent leurs sacs sur les derniers degrés, et, en dépit du froid excessif que rendait plus intense une forte brise du nord-est, ils se mirent en devoir de quitter les vêtements qui les recouvraient.

« Décidément, vous ne voulez pas prendre un canot? demanda Surcouf.

— Non, répondit Lioris, ne donnons plus

rien au hasard maintenant. Une embarcation pourrait nous trahir. En nageant avec précaution, nous risquons bien moins d'attirer l'attention des sentinelles, et tu sais, d'après ce qu'a dit Williams, si la baie est surveillée à cette heure. Il a fallu l'aide du brouillard, pour que cette frégate soit venue jusqu'ici sans encombre ; mais la brise chasse devant elle ce brouillard bienheureux, et dans moins d'une heure le ciel sera pur ! »

En achevant ces mots, Lioris, entièrement deshabillé, saisit l'une des chaînes de l'escalier pour se laisser glisser à la mer.

Gatifet prit les sacs et s'apprêta à les jeter.

« Tu as le double des renseignements que vient de nous apporter le second fils du pêcheur? demanda encore Surcouf en arrêtant du geste les deux marins.

— Oui, dit Gatifet.

— Remets-les, en arrivant, à Marcof.

— Qu'importent ces ordres soi-disant dérobés aux Anglais! fit Lioris en haussant les épaules. D'abord savons-nous de quelle part ils viennent. Celui qui nous les fait transmettre prétend être notre ami, mais quelle assurance avons-nous de cela? Nous ne connaissons même pas son nom. Qui peut nous affirmer que ce n'est pas le résultat d'un plan nouveau de trahison? Puis, lors même que nous n'aurions aucun doute, ne faut-il pas tenter l'aventure cette nuit même. Aux premiers rayons du jour, la présence de ce navire au milieu de la baie, apprendrait tout aux Anglais. Nous serions perdus ou obligés de fuir sans rien plus pouvoir tenter pour nos frères en malheur. Au diable tout cela! Si Marcof est de mon avis, nous nous battrons, eussions-nous devant nous toutes les forces réunies de terre et de mer des trois royaumes. La patrie et la liberté sont de l'autre côté; on passera ou on mourra.

— C'est mon avis! ajouta brusquement Gatifet, en route! »

Et le matelot se glissa dans la mer en murmurant tout bas le nom de Marthe.

« Allez donc! dit Surcouf, et quoique vous fassiez, je suis prêt. Dites à Marcof que le plan tient toujours, et qu'en ce qui me concerne je le suivrai à la lettre. »

Lioris pressa la main de son ami et suivit Gatifet. Surcouf les regarda un moment s'éloigner, puis il remonta sur le pont.

« Ripeaut de Monteaudevert doit agir à cette heure, pensa-t-il ; s'il réussit, nous aurons la première manche. »

En ce moment, maître Mal-en-train, toujours grommelant, suivant sa vieille habitude, passa près de son chef.

« Qu'est-ce que tu roucoules à part toi, vieux caïman ? fit Surcouf en posant sa large main sur l'épaule carrée de son fidèle compagnon.

— Je dis, je dis, fit Mal-en-train en tournant sa chique dans sa bouche, que tout irait bien si à la première course vous n'aviez pas, sauf votre respect, mon commandant, pris la mer un vendredi.

— Et puis après?

— Après? Ça finira par porter malheur à quelqu'un de votre bord.

— Eh ! vieux radoteur ! il y a dix ans que j'ai fait ma première course, et il me semble que la chance n'a pas justifié tes craintes?

— Patience, mon commandant. Aujourd'hui n'est pas demain, comme dit cet autre, et on verra ! »

Surcouf haussa les épaules.

« Fais armer les canots, dit-il, que chacun soit paré au premier signal. »

Et le corsaire se rendit vivement à l'arrière de la frégate.

Pendant ce temps, Gatifet et Lioris nageant vigoureusement tous deux, et poussant devant eux les quatre sacs goudronnés qu'ils avaient emportés en quittant le Georges, se dirigeaient avec des précautions infinies vers le ponton du Britannia.

Tout paraissait calme autour d'eux. Pontons, navires en rade, port et ville semblaient plongés dans la sécurité la plus parfaite, mais cette tranquillité simulée par les Anglais pour laisser aux prisonniers, du complot desquels ils étaient prévenus, toute liberté d'action et toute facilité pour se jeter dans le piège habilement tendu, cette tranquillité, disons-nous, à force de vouloir atteindre les limites du naturel, les avait dépassées.

Ainsi, le silence absolu qui régnait sur

terre et sur mer était trop morne pour ne pas paraître étrange à des oreilles intelligentes, lesquelles, sans aucun doute, n'y pouvaient voir que le résultat d'un ordre.

De plus, les patrouilles navales, qui de deux heures en deux heures sillonnaient chaque nuit la baie, n'avaient pas encore fait leur apparition, mais on sentait derrière cette négligence apparente une surveillance activement inquiète, et on devinait qu'à un signal donné, tous ces canots embusqués de toutes parts comme des bandits au fond des gorges d'une montagne, devaient s'élancer sur leur proie et la saisir au passage.

Heureusement pour les Français, le transport-office, nous le répétons, ignorait et l'affaire du Georges et le nom du ponton à bord duquel s'était tramée la conjuration qui allait éclater.

Heureusement encore, le brouillard qui avait régné toute la soirée, avait protégé la hardie tentative de Surcouf.

Mais si les Anglais ignoraient les deux premiers faits, ils en connaissaient deux autres dont l'importance était à leurs yeux bien plus grande encore que la fuite de tous les rascals incarcérés dans les prisons navales.

La révélation de la présence de Surcouf et de celle de Marcof avait produit une sensation telle parmi les autorités de Portsmouth, que les officiers supérieurs doutaient encore, tout en prenant les mesures nécessaires pour que ces deux proies si importantes ne leur échappassent pas.

Cependant, la réputation étonnante de ces deux hommes était si bien établie, qu'on avait cru devoir garder le plus profond silence sur la révélation faite, dans la crainte d'intimider les soldats et les matelots anglais, dont ces deux noms étaient la terreur.

Tout en nageant, Lioris réfléchissait à cette situation critique; et tout brave qu'il fût, il ne pouvait se défendre des appréhensions les plus vives, en songeant à ce que devait accomplir une poignée d'hommes épuisés par les souffrances et la maladie, pour triompher des dangers qui allaient les assaillir.

Néanmoins, il se rassurait par moments

en comptant sur le hasard, sur la Providence, et en se disant qu'après tout mieux valait mille fois mourir en tentant de recouvrer la liberté, que de se voir replonger dans ces antres infâmes nommés les pontons.

Et il nageait avec une ardeur nouvelle, se maintenant presque toujours entre deux eaux, et en dépit de la rigueur du froid.

Quant à Gatifet, il n'avait qu'un but : fuir; qu'une pensée : rejoindre Marthe qu'il croyait à Saint-Malo; qu'un désir : prodiguer son sang et ses forces pour réussir, coûte que coûte.

Ayant affronté avec Ripeaut de Monteaudevert les périls des expéditions nocturnes précédentes, il avait réclamé l'honneur de s'exposer une dernière fois et de diriger Lioris vers le Britannia, où il devait se rendre d'après le plan arrêté par Marcof et par Surcouf le matin même à bord du chasse-marée, plan dont Michel avait entendu une grande partie.

Cet honneur sollicité par Gatifet lui avait été accordé sans discussion, car ses antécédents le rendaient plus propre qu'aucun autre de ses amis à mener à bien cette expédition suprême.

Surcouf avait craint d'abord que les Anglais, avertis, ne cherchassent à s'emparer des deux intrépides marins; mais le silence qui régnait partout et l'absence totale des patrouilles lui avaient fait deviner les desseins des ennemis.

Les ordres donnés que lui avait transmis Kennedy, le second fils de Williams, étaient incomplets.

Il était évident qu'ils n'avaient pas été surpris dans toute leur étendue, car ils ne concernaient que la surveillance à établir à bord des pontons, et ne disaient rien de ce qui devait se faire en rade.

Ils étaient donc à peu près inutiles, mais l'intelligence du corsaire suppléait en partie aux précieux documents absents.

« Ils veulent nous laisser passer les bras dans la gueule du loup, se disait-il, afin que rien ne puisse échapper, mais, tonnerre de Brest! ils ne savent pas à qui ils ont affaire! Leur inaction présente est une faute, il faut en profiter. »

Et, sur son avis, Gatifet et Lioris, refusant le canot qu'il voulait qu'ils prissent, s'étaient préparés à tenter le premier coup du grand complot.

Les Anglais, du reste, ne supposant pas un seul instant que le quartier général des conjurés fût au milieu de la rade, à quelques encâblures des pontons, les Anglais pensaient judicieusement que les deux hommes devant se rendre à bord du ponton partiraient de terre.

En conséquence, ils avaient établi une sorte de chaîne de surveillance sur toute la ligne des prisons, de celles-ci à la terre ferme.

Or, Gatifet et Lioris, arrivant de la mer, devaient nécessairement aborder de l'autre côté, du côté le moins surveillé, puisqu'on le supposait à l'abri de toute surprise.

Une fois entrés dans l'ombre projetée par la masse énorme du Britannia sur les eaux de la baie, Gatifet et Lioris, imitant les manœuvres habiles que nous avons vu employer au commencement de ce récit par le premier des deux nageurs et son compagnon Ripeaut de Monteaudevert, Gatifet et Lioris, redoublant de précaution et nageant plus lentement, s'approchèrent peu à peu du ponton, épiant avec soin les mouvements des sentinelles placées sur la galerie extérieure.

Aucun feu ne brillait à bord.

Gatifet rejoignit Lioris et lui rappela brièvement et à voix basse ce qu'il avait à faire; puis les deux marins se séparèrent de nouveau.

Lioris demeura presque stationnaire, ne faisant, pour ainsi dire, que se soutenir sur l'eau, et Gatifet s'avança plus lentement que jamais, plongeant souvent, et n'élevant la tête hors de l'eau que pour respirer, lorsque l'air lui manquait absolument.

Bientôt il fut sous la galerie extérieure sans avoir éveillé l'attention des sentinelles.

XI

La Liberté.

(SUITE).

Les quatre sacs dont nous avons parlé étaient amarrés chacun par une corde libre, de longueur différente.

Gatifet toucha la muraille du Britannia, tenant dans sa main droite les extrémités des quatre cordes, tandis que les sacs étaient retenus par Lioris demeuré à une distance assez grande.

En ce moment la sentinelle, accomplissant sa promenade, passa précisément au-dessus du matelot ; mais le brouillard était encore tellement intense et le nageur accostait avec une telle précaution, que rien ne décela sa présence.

L'ouverture pratiquée dans le faux pont était béante et déblayée.

Gatifet tendit la main comme il avait coutume de le faire.

Marcof et Lacousinnerie l'aidèrent à monter.

Une fois dans la batterie basse, le matelot attira à lui un premier sac qui fut lestement enlevé.

Les trois autres suivirent successivement et aussi heureusement la même route.

Leur nuance foncée les faisait facilement confondre avec l'eau bourbeuse et noirâtre sur laquelle ils surnageaient à peine.

Puis Lloris s'avança à son tour, exécutant les mêmes manœuvres qu'avait exécutées Gatifet ; et, hissé par les deux corsaires, il pénétra dans le faux pont.

Par mesure de précaution, l'ouverture fut aussitôt refermée avec soin.

Tout cela s'était accompli dans le plus religieux silence.

En se voyant réunis, les quatre amis laissèrent échapper de leur poitrine oppressée un soupir de soulagement.

« Enfin ! dit Marcof, le premier pas est fait.

— Oui, dit Lioris, mais gare au second ! les Anglais sont prévenus !

— Prévenus de notre évasion ? s'écria Lacousinnerie.

— Oui, » fit Gatifet.

Et Lioris, reprenant la parole, expliqua rapidement la trahison de Michel, puis il donna à Marcof le double des ordres que le fils cadet de Williams avait apportés à bord du Georges de la part de l'inconnu.

Marcof avait écouté avec une attention profonde. Pas un muscle de son visage n'avait tressailli.

Cependant la position était effrayante et le danger certain.

Quand Lioris eut achevé :

« Bien ! fit-il froidement. J'aime autant que les Anglais soient prévenus, puisque nous le savons. Le doute est plus préjudiciable dans de telles circonstances que la certitude la plus affreuse. D'ailleurs, je n'aime pas au moment du combat à surprendre mes ennemis, moi, je préfère les attaquer en face. »

Ce calme, ce sang-froid, cette assurance électrisèrent les auditeurs du Malouin.

« A l'œuvre donc ! dit Marcof, et agissons sans retard. Il est onze heures maintenant, à minuit il faut être libre et au point du jour en vue des côtes de France. Silence donc partout ! Plus de réflexions et n'ayons qu'une devise : mort ou liberté ! »

Cette nuit-là aucun des prisonniers ne dormait.

Par ordre de Marcof, reconnu, sans contestations, chef suprême, tous étaient étendus dans les hamacs, mais tous étaient habillés et tous veillaient.

Marcof et Lacousinnerie avaient voulu agir seuls et attendre seuls leurs deux amis pour éviter le bruit et la confusion qui eussent pu donner l'alarme aux Anglais.

Les sacs ouverts, les quatre Français en tirèrent successivement des armes; pistolets, haches, sabres et poignards, des habits d'uniforme d'infanterie anglaise et trente livres de fine poudre achetée sur le sol britannique.

Cette poudre était enfermée dans deux petites caisses.

Alors Lacousinnerie prit les armes et les porta aux prisonniers désignés d'avance pour agir.

Quarante-cinq Français se trouvèrent armés.

La poudre renfermée dans l'une des deux caisses fut distribuée à ceux qui avaient des pistolets.

Lacousinnerie y ajouta des balles de calibre.

Marcof appela Kerouët et sept autres Français.

Il leur donna les uniformes, dont ils se revêtirent à la hâte.

Les paroles d'absolue nécessité avaient seules été échangées.

Lacousinnerie prit la seconde caisse et la porta à l'avant le long de la cloison qui séparait les prisonniers des soldats anglais.

« Maintenant, dit Marcof, amenez-moi Peters, et allez me chercher les fusils conquis ce matin pendant la révolte, et que nous avons su heureusement dérober aux recherches. »

Le caporal, toujours bâillonné et attaché, fut littéralement apporté au chef.

Marcof coupa les liens qui le retenaient, mais il lui laissa son bâillon.

Les Français, revêtus des uniformes anglais, s'armèrent des fusils de munition.

Marcof, lui-même, portait le costume de soldat d'infanterie.

« A quelle heure Surcouf enverra-t-il les embarcations? demanda-t-il à Lioris.

— A onze heures trois quarts! répondit celui-ci.

— Dans dix minutes alors?

— Oui.

— Lui as-tu recommandé de n'accoster que par tribord ?

— C'est convenu.

— Très-bien ! »

Marcof se retourna vers Peters :

« Écoute, lui dit-il, tu vas marcher entre moi et Kerouët à la tête de ce petit peloton. Fais attention que nous avons chacun un pistolet armé et que les deux hommes qui te suivent te tiennent au bout de leurs baïonnettes. Un geste équivoque, et tu es mort ! »

Peters fit signe qu'il comprenait.

Marcof lui ôta son bâillon et reprit :

« Voici ton fusil. Tu vas monter avec nous sur le pont. Nous aurons l'air d'accomplir une ronde, et une patrouille n'a rien d'extraordinaire à pareille heure. Le brouillard qui nous enveloppe empêchera les sentinelles de s'apercevoir que nous ne sortons pas du poste de l'arrière. Tu descendras avec nous dans la galerie de tribord et tu relèveras les sentinelles, que tu remplaceras par quatre d'entre nous. As-tu compris ?

— Parfaitement ! répondit l'Anglais.

— Tu as le mot d'ordre ?

— Oui.

— Alors, marche et songe que si tu nous sers bien, je te permettrai, avant de mettre le feu au ponton, de sauter à la mer. Maintenant, en avant ! »

La petite troupe traversa la batterie.

Les prisonniers, prévenus par Lacousinnerie, s'étaient levés en silence.

Ceux qui possédaient des haches se tenaient devant les sabords de tribord, prêts à briser les mantelets au moindre signal, à faire sauter les barreaux de fer scellés dans le bois, et à pratiquer ainsi des ouvertures assez spacieuses pour faciliter la prompte fuite des Français, dès que les canots de Surcouf seraient bord à bord avec le Britannia.

L'émotion et l'anxiété étaient telles, qu'aucune parole n'était échangée entre les malheureux.

XI

La baie de Portsmouth.

Après le départ de Weis, de Rawlow et de l'aide de camp du lord amiral, dont la présence était arrivée comme celle d'un Dieu sauveur, pour préserver Marthe du danger de retomber aux mains du petit docteur et de l'infâme commandant du Britannia, Cœlia, quittant la fenêtre, parcourut la chambre comme si elle eût été en proie à une invincible agitation.

Son gracieux visage portait les marques de la douleur, de l'émotion, du saisissement que lui avait causés la scène qui venait d'avoir lieu.

Fuller, sombre et rêveur, se tenait immobile. Tout à coup Cœlia éclata en sanglots.

« O mon Dieu ! quelle soirée ! s'écria la pauvre enfant en se laissant tomber sur un fauteuil. Si ces deux hommes répètent ce que cette malheureuse femme a dit dans son délire, Georges que l'on accuse déjà, Georges est perdu !

— Calmez-vous de grâce ! dit Fuller, effrayé de l'angoisse douloureuse qui se peignait sur le joli visage de sa compagne.

— Georges est perdu ! répéta la jeune femme en éclatant en sanglots.

— Non ! non ! dit vivement le bon docteur. Ces deux hommes ont voulu vous effrayer dans un but que j'ignore ; mais pour accuser un officier de la valeur de sir Georges, il faut des preuves plus fortes que le rapport qu'ils pourraient faire tous deux. Cette pauvre femme était demi-folle lorsqu'elle a laissé échapper son secret. Il faut lui prodiguer nos soins, la faire revenir à la raison, connaître la cause de l'exaltation subite qui s'est produite en elle à la vue de Rawlow et à celle de Weis, lui faire comprendre qu'une indiscrétion perdrait sans ressources tous ceux qu'elle aime et que Georges veut sauver. Elle nous entendra et demain, si l'agent général du transport-office l'interroge, elle repoussera ses paroles imprudentes. D'ailleurs je serai là pour affirmer qu'elle était en proie à un violent délire.

— Vous avez raison, » fit Cœlia en recouvrant toute son énergie.

Marthe poussa un soupir : Cœlia et Fuller coururent à elle.

La pauvre enfant fit un mouvement, puis elle se dressa péniblement sur son séant et parcourut la chambre d'un regard terne.

Ce regard s'anima peu à peu et peignit tour à tour l'inquiétude et le calme Enfin il se reporta sur Cœlia qui, à demi penchée sur le lit, avait pris dans la sienne une des mains de la malade.

Fuller tenait l'autre et étudiait attentivement le cours du sang dans l'artère radiale.

Marthe retira doucement celle de ses mains que pressait Cœlia et la passa sur son front, comme si elle eût voulu en chasser une pénible pensée.

« Oh! fit-elle à demi-voix et en ayant l'air de se parler à elle-même. Le vilain rêve! Mon Dieu! comme il m'a fait mal. »

Puis, laissant retomber son bras sur le lit, elle abaissa ses longues paupières aux cils touffus.

« Du courage, mon enfant, dit doucement Fuller, le calme revient et avec lui la santé.

— J'ai donc été longtemps malade? demanda la Bretonne avec un naïf étonnement.

— Non, mais vous avez été fortement atteinte.

— Ah!... et qui donc m'a soignée?

— Moi, chère petite, répondit Cœlia de sa voix la plus douce et la plus harmonieuse, moi et le bon docteur qui veille encore sur vous. »

Marthe regarda Cœlia attentivement, puis, son œil s'ouvrit plus largement : évidemment la mémoire commençait à revenir.

« Ah ! je me souviens ! fit-elle. C'est vous qui étiez près de moi, c'est vous qui aimez Surcouf et Marcof... Où donc sont-ils, eux ?

— En sûreté ! répondit vivement Fuller.

— En sûreté? répéta Marthe. Étaient-ils donc menacés d'un danger ? »

Cœlia détourna la tête sans répondre. Marthe la regarda fixement.

L'esprit de la malade n'était pas encore lucide. La mémoire ne pouvait se faire jour à travers les voiles épais qui enveloppaient le cerveau, et cependant un travail mystérieux s'accomplissait dans cette pauvre tête brisée par les émotions successives.

Ce travail, Fuller le suivait avec une inquiète sollicitude. Il sentait que la raison allait revenir, et il craignait une crise nouvelle avec ce retour complet.

Effectivement, et tout à coup, à l'expression calme qui se reflétait sur les traits de la Bretonne, succéda un bouleversement effrayant.

Elle poussa un cri rauque et ses bras se tordirent avec des gestes convulsifs.

« Perdus ! dit-elle, perdus ! Mon mari.... »

La parole expira dans sa gorge. Fuller saisit un flacon posé sur une table voisine et le lui fit respirer.

« Espérez! dit vivement Cœlia, votre mari est sauvé sans doute, car le mien veille sur lui, comme moi, je veille sur vous!

— Cet homme! cet homme! balbutia Marthe, je ne veux pas qu'il m'emmène!

— Non! non! vous resterez ici.... avec nous........ continua la jeune femme. Vous voyez bien qu'il est parti....

— Oui.... il est parti! » répéta la malade à laquelle cette pensée parut faire du bien.

Un court silence suivit ces paroles. Marthe semblait réfléchir profondément.

Peu à peu sa respiration devint régulière. Les mouvements convulsifs qui agitaient tout son être disparurent progressivement, et son regard se posa plus doucement sur ses deux interlocuteurs.

Alors sans doute, la conscience de sa situation revint tout entière dans l'âme de la pauvre Française, car des larmes s'échappèrent de ses yeux rougis.

« Ah ! fit Fuller. Elle pleure ! Elle est sauvée cette fois ! »

Il y avait dans l'exclamation du médecin une telle somme de joie et de bonheur, que Marthe tressaillit, et lui saisit la main qu'elle unit à celle de Cœlia.

« Je suis bien malheureuse, dit-elle en s'efforçant de parler à travers les larmes qui inondaient son visage. Je suis bien malheureuse, vous le savez. Tous deux vous paraissez bons.... j'ai confiance en vous, ne me trompez pas ! N'y avait-il pas ici, tout à l'heure, un homme qui voulait m'emmener ?

— Oui, dit Cœlia.

— Et cet homme est votre ami ?

— Notre ami ! s'écria la jeune femme. Oh ! cet homme est un monstre ! c'est l'ennemi mortel de mon mari !

— Alors.... vous ne vouliez donc pas me livrer à lui !

— Vous livrer, pauvre enfant ! Oh ! ne pensez pas cela ! ne le pensez jamais !

— Ainsi.... tout ce que vous m'avez dit à propos de Surcouf et de Marcof est vrai ? »

Cœlia tomba à genoux.

« Je vous le jure sur mon salut éternel ! dit-elle d'une voix ferme.

— Oh ! merci ! balbutia Marthe, je me souviens de tout maintenant et j'ai besoin de vous croire, car si je doutais, le désespoir me tuerait, je le sens. J'ai besoin d'appuyer ma main sur une main amie, car ma force est épuisée ! Madame ! je vous en conjure, ne m'abandonnez pas ! Dieu est bon, il est juste ! il vous récompensera !

— Espérez et ayez confiance en nous ! » dit Fuller sans chercher à cacher l'émotion qu'avait fait naître en lui la simple prière de la Bretonne, tandis que Cœlia, mêlant ses larmes à celles de Marthe, pressait la pauvre petite sur sa poitrine.

Marthe disait vrai. Elle était à bout de force physique et d'énergie morale. Elle ne pouvait plus lutter et elle se trouvait dans cet état voisin de la prostration complète de tous les organes, durant lequel on ne se sent plus d'autre volonté que celle d'autrui.

Elle n'avait même plus assez de force pour douter. Aussi s'abandonnait-elle sans réserve.

C'était cette situation de corps et d'esprit

qui, en amenant la crise salutaire dont s'était montré heureux l'excellent ami de sir Georges, avait déterminé le retour à la raison et la lucidité de la mémoire.

Tout à coup un bruit semblable à celui causé par un roulement lointain retentit au dehors.

Ce bruit, imperceptible d'abord, ne put attirer l'attention des trois personnages groupés dans la chambre, mais peu à peu il devint plus distinct, et se rapprochant rapidement, il permit de deviner les allures furieuses d'un cheval lancé à fond de train.

Cœlia la première avait prêté l'oreille.

« Georges ! s'écria-t-elle, Georges ! c'est Georges ! je reconnais le galop de son cheval. »

Et elle se précipita vers la fenêtre qu'elle ouvrit à l'instant même où le commandant du Protée arrivait à la porte de sa demeure.

Cœlia s'élança au dehors avec la légèreté d'un oiseau et Georges, se précipitant dans le vestibule du cottage après avoir jeté à un valet les rênes de sa monture, reçut sa charmante femme dans ses bras.

« Où est la Française ? demanda-t-il vivement en pressant Cœlia contre sa poitrine.

— Là-haut ! répondit la jolie Anglaise. Mais que t'est-il arrivé ?

— Tu sauras tout plus tard, interrompit Georges. Hâtons-nous ! le temps est précieux. Dans quelques minutes peut-être sera-t-il trop tard. J'ai quitté mon navire en dépit des ordres du transport-office.... je me devais avant tout à ceux qui ont tout fait pour nous !

— Mais explique-moi....

— Rien maintenant. Seulement va, cours auprès de la Française, prête-lui une de tes toilettes. Habille-la..., Pendant ce temps je vais faire atteler la calèche.

— Où donc veux-tu aller ?

— A Portsmouth ! et Dieu veuille que nous arrivions à temps. Va, Cœlia, et si tu m'aimes, ne demandes rien, obéis ! »

La charmante femme fixa un moment sur son mari ses grands yeux frangés de cils dorés, puis, comprenant à l'expression de la physionomie de sir Georges, que quelque chose de terrible préoccupait cette tête intelligente, elle s'arracha de ses bras et se précipita vers l'escalier conduisant au premier étage à l'instant où Fuller descendait rapidement pour rejoindre son ami.

Georges saisit le bras du médecin et l'entraîna dans la salle basse après avoir donné à un valet l'ordre de faire préparer la voiture.

« Eh bien ? dit Fuller. Que se passe-t-il ?

— Tout est perdu, je le crains, répondit Georges, et j'ai peur pour les pauvres prisonniers.

— Comment ? Que redoutes-tu ?

— Une trahison a eu lieu, j'ai tout entendu et l'ordre de veiller attentivement vient d'être transmis à tous les pontons. On sait qu'une évasion doit encore avoir lieu cette nuit et le transport-office a pris des mesures terribles....

— Mais Marcof, mais Surcouf ?...

— Ils étaient perdus tous deux s'ils n'avaient été prévenus à temps.

— Et qui les a prévenus ?

— Moi !

— Quand cela ?

— Il y a une heure. C'est pour les sauver que j'ai enfreint l'ordre qui me retenait à bord du Protée.... mais je ne puis t'expliquer en ce moment.... Viens ! la Française doit être prête.... nous allons partir. En route je te dirai ce que j'attends de ton amitié.

— Où allons-nous donc?

— A Portsmouth !

— Partons ! répondit simplement Fuller, et dispose de moi comme d'un second, sir Georges. »

Le commandant du Protée serra silencieucement les mains de son ami et se dirigea, en l'entraînant, vers la porte du salon.

Un domestique vint annoncer que la calèche était prête.

Cœlia et Marthe descendaient au même instant et pénétraient dans le vestibule.

La Bretonne portait le costume des femmes anglaises et s'avançait en vacillant, quoique soutenue par le bras de la gracieuse compagne de sir Georges, qui n'avait pas voulu la quitter.

Tous quatre montèrent précipitamment en voiture et la calèche s'élança sur la route.

Marthe, dont l'état de prostration était plus grand encore, s'était laissée diriger par Cœlia sans même demander une explication à la jeune femme.

Elle savait (Cœlia le lui avait confié) que

chaque pas qu'elle faisait la rapprochait de son mari, et elle obéissait comme l'enfant obéit à son maître.

Nous avons dit, nous le croyons, que la route à suivre pour gagner la ville longeait la mer, modelant son tracé sur les nombreuses sinuosités de la baie.

La calèche gagna rapidement Cosham qu'elle traversa au grand trot et s'élança dans la direction de Portsea-Bridge, qu'elle atteignit bientôt.

Il était près de minuit.

En quittant Portsea-Bridge, la route rencontre une colline assez haute dont la crête cache la vue de la mer à ceux qui gravissent son flanc arrondi.

La calèche ralentit forcément sa marche.

Au moment où elle commençait à s'engager sur la route montueuse et encaissée, le brouillard se dissipa et laissa apercevoir la vaste baie.

Tout était plongé dans une obscurité profonde.

En dix minutes la voiture atteignit le sommet de la colline d'où l'on découvrait toute l'étendue de l'horizon à l'ouest et au sud.

Georges, Fuller, Cœlia et Marthe poussèrent un même cri.

« Le feu est dans la rade ! » dit le médecin en se dressant sur la banquette pour mieux voir.

En effet, une immense clarté illuminait la baie.

On apercevait distinctement les langues acérées et rougeâtres des flammes qui dardaient, en se tordant, leurs extrémités étincelantes vers le ciel et semblaient sortir du sein même de la mer.

Georges prit précipitamment une lorgnette et examina l'incendie.

« C'est le Britannia qui brûle ! » dit-il.

Au même instant et sans le moindre intervalle, deux détonations retentirent.

Puis une traînée de feu sillonna le flanc des fortifications maritimes de la ville, et les quarante canons des forts situés en face Ryde et Saint-Helens tonnèrent d'un seul coup, joignant leur éclat à ceux de quatre navires de ligne placés à l'entrée de la baie.

A la lueur de la clarté fugitive qui embrasa le ciel dans la direction de la haute mer, on put distinguer nettement un navire de fort tonnage qui, toutes voiles dehors, profitait de la marée et passait bravement sous la trombe de fer qui l'enveloppait.

A ces premières détonations en succédèrent instantanément d'autres plus nombreuses encore, mais la fumée qui s'éleva ne permit plus d'en connaitre le résultat, favorable ou fatal pour le hardi bâtiment.

La calèche s'était arrêtée.

Les quatres personnes qu'elle contenait se regardaient avec stupeur.

« A Portsmouth ! au galop ! » s'écria Georges en s'adressant au cocher.

Puis se tournant vers Fuller :

« Il est trop tard ! ajouta-t-il à voix basse, maintenant ils sont perdus sans doute ! »

L'attelage bondit et la voiture emportée avec une rapidité effrayante s'élança en avant.

La canonnade continuait toujours plus acharnée.

La force des événements qui nous a poussés en avant, nous contraint à retourner maintenant sur nos pas, et à rejoindre Weis et Rawlow sur la route conduisant du cottage à la mer.

L'aide de camp du lord amiral marchait à leurs côtés, et tous trois étaient précédés par les deux matelots porteurs de torches qui avaient éclairé précédemment la venue de l'officier.

La distance qui séparait le cottage de sir Georges des rives de la baie de Portsmouth était courte. Elle fut rapidement parcourue.

Nous l'avons dit déjà, mais nous appuyons sur cette circonstance qui pouvait prêter un aide si puissant aux projets des conjurés, un brouillard épais ensevelissait de ses flots opaques la campagne, la baie, la rade, le port et la ville.

A peine pouvait-on suivre la route dont on n'apercevait pas même la chaussée.

Les Anglais, cependant, trop accoutumés à un semblable phénomène atmosphérique pour s'en étonner, gagnèrent sans accident un petite anse naturelle formée dans cette partie de la baie par le travail incessant des vagues.

La route s'était accomplie dans le plus religieux silence. Chacun des trois attachés du transport-office paraissait profondément absorbé dans un océan de pensées qui, pour être probablement différentes, devaient néanmoins converger vers le même but et être nées du même motif.

Rawlow songeait à la nouvelle révolte de ses prisonniers, que venait de lui annoncer l'aide de camp de l'amiral, et tout en maudissant intérieurement les rascals, auxquels il promettait une série de tortures, il se demandait avec un certain effroi si le transport-office ne verrait pas, dans ces rébellions et ces évasions successives, un motif de blâme pour le commandant du Britannia.

Weis, furieux de n'avoir pas eu le temps de mener à bonne fin l'expédition qu'il avait si habilement dirigée jusqu'alors, se torturait l'esprit pour deviner la cause de la sévérité dont avait fait preuve, au nom de l'amiral, l'officier qui les accompagnait.

Quant à l'aide de camp, marchant d'un pas rapide comme s'il eût eu hâte d'accomplir sa mission, il entraînait vivement ses deux compagnons.

Son regard ardent explorait la route autant que le lui permettait le brouillard, et parfois il tournait brusquement la tête en arrière avec un mouvement pareil à celui d'un homme qui avance avec la crainte d'être suivi.

Enfin deux ou trois lueurs rougeâtres, apparaissant subitement au détour d'un rocher, indiquèrent de nouveaux hommes porteurs de torches.

C'étaient les canotiers de l'embarcation qui avait amené l'aide de camp.

En quelques secondes Rawlow, Weis et l'officier qui leur servait de guide furent sur le rivage.

Un canot armé de huit avirons attendait prêt à reprendre la mer.

« Embarquez, messieurs, dit l'aide de camp en s'effaçant pour livrer passage à ses deux compagnons.

— Mais, fit observer tout à coup Weis en s'arrêtant avec une certaine défiance, ce n'est pas un canot de l'amirauté.

— Sans doute, répondit l'aide de camp. Je croyais vous trouver à Porsmouth; je n'avais donc pas d'embarcation puisque je sortais de l'amirauté. Lorsque j'ai appris de l'un de vos domestiques que votre cocher avait reçu l'ordre de vous conduire au cottage de sir Georges, j'ai fait armer la première chaloupe qui m'est tombée sous la main, voulant, pour perdre moins de temps, au lieu de vous ramener en ville, vous conduire immédiatement à bord du Britannia. Mais, je vous prie, messieurs, hâtons-nous. Sa Grâce attend, et doit être impatiente de notre retard. »

Cette explication était tellement plausible, que Weis sentit se dissiper subitement la vague inquiétude dont il n'avait pas su tout d'abord se rendre maître.

Le commandant du Britannia et le médecin en chef du transport-office sautèrent donc lestement dans la chaloupe et prirent place à l'arrière.

L'aide de camp les suivit, tandis que les deux matelots enjambaient à l'avant le bordage du canot.

« Pousse! » ordonna le patron en donnant un coup de barre au gouvernail.

Deux matelots, armés de gaffes qu'ils enfoncèrent aussitôt dans la mer, lancèrent l'embarcation au large.

Les canotiers tenaient leurs rames droites et levées perpendiculairement; puis ces rames retombèrent d'un même mouvement, et les canotiers se penchèrent sur leurs bancs.

« Nage! fit le patron ; avant partout. »

Aussitôt les avirons déchirant la surface unie de la baie plongèrent dans l'eau aux reflets sombres, les bras crièrent sur les bordages, et le canot, obéissant à l'impulsion qu'il recevait, s'élança en avant mettant le cap sur la rade.

En moins de vingt minutes, grâce à la vigueur expérimentée des canotiers et à l'intelligence du patron, qui gouvernait avec une habileté remarquable, le canot atteignit le dédale des navires mouillés sur tous les points de l'avant-port.

« Éteins les feux ! » dit brusquement l'aide de camp.

Les matelots porteurs de torches jetèrent immédiatement à la mer les morceaux résineux qui s'éteignirent en pétillant.

Weis et Rawlow, surpris de cet ordre qui pouvait compromettre le salut commun en laissant la chaloupe se diriger au milieu des plus épaisses ténèbres, Rawlow et Weis se penchèrent l'un vers l'autre, car l'obscurité leur interdisait même d'échanger un regard.

« Pourquoi avoir fait éteindre ces torches? demanda avec colère le commandant du Britannia.

— C'est l'ordre de l'amiral, » répondit l'aide de camp.

Rawlow haussa les épaules; mais les lois de la discipline ne lui permettaient pas une objection nouvelle.

Le canot continua à filer au milieu des vaisseaux de tout rang dont il rasait les murailles; l'aide-de-camp répondant chaque fois que, d'un bord ou de l'autre, on hélait la chaloupe.

Bientôt on entra dans la rade; les pontons se dessinaient vaguement sur la droite.

Le canot parut d'abord se diriger droit vers eux; mais, arrivé à la hauteur du Britannia, changeant brusquement de route, il courut sur la pointe de Gosport.

Rawlow, qui s'attendait à accoster son ponton, lança dans la nuit un formidable juron en remarquant cette manœuvre étrange.

« La barre à bâbord, donc, triple brute! s'écria-t-il en se tournant vers le patron; ne vois-tu pas que nous nous éloignons des pontons. »

Le patron, au lieu de répondre, regarda vivement autour de lui.

Pas un feu ne brillait autre part que sur les pontons ; la rade paraissait en cet endroit absolument déserte.

« Es-tu sourd ? hurla Rawlow exaspéré.

— Monsieur, que signifie la conduite de vos hommes? dit Weis en s'adressant à l'aide de camp.

— Allez ! s'écria en français l'envoyé de l'amiral, répondant ainsi aux paroles de l'Anglais comme si elles eussent été un signal convenu.

— Trahison ! à moi ! » vociféra Rawlow. Mais les mots s'éteignirent dans sa gorge avant qu'il eût pu les achever.

L'aide de camp s'était levé : et les deux premiers rameurs, lâchant leurs avirons et se dressant subitement, s'étaient élancés sur Rawlow qu'ils avaient renversé d'une seule secousse.

Weis, stupéfait, éperdu, fit un mouvement pour sauter à la mer ; mais deux bras vigoureux arrêtèrent son élan et le couchèrent sur le banc qu'il venait de quitter.

« Pas un cri, lui dit le patron du canot en lui posant sur la poitrine un genou anguleux, qui comprima si violemment la respiration de l'aimable docteur, que la recommandation de garder le silence devenait parfaitement inutile.

— Liez-les et bâillonnez-les ! » ordonna l'aide de camp.

Les canotiers obéirent avec une agilité et une précision qui ne permirent pas aux deux Anglais de pousser une exclamation nouvelle.

Alors le soi-disant aide de camp du lord-amiral, s'approchant de Rawlow qui gisait étendu au fond de la chaloupe, côte à côte avec le docteur Weis, lui posa le pied sur le cœur.

« Rawlow, lui dit-il lentement, tu as torturé bien des Français depuis deux ans, tu as causé la mort d'un grand nombre de ceux que tu nommais les rascals, tu as souri à leurs douleurs, tu as inventé chaque jour quelque cruauté nouvelle, tu leur as déchiré l'âme avec ta férocité sauvage quand tu ne pouvais martyriser le corps ; eh bien ! ces rascals que tu as tant fait souffrir, tu es aujourd'hui en leur puissance, et je crois que tu vas enfin payer la dette que tu as contractée vis-à-vis de leur vengeance ! Regarde-moi donc! je me nomme Ripeaut de Monteaudevert; hier encore j'étais entre les griffes; mais aujourd'hui je suis libre et prêt à t'écraser! »

Rawlow poussa un soupir de rage; le bâillon l'empêchait de crier.

Quant à Weis, immobile et tremblant de tous ses membres, il était prêt à s'évanouir.

« Pour toi, ajouta Ripeaut en s'adressant au docteur, pour toi, infâme assassin, n'espère non plus ni pitié ni merci. En fait de vengeance je ne reconnais qu'un principe, moi, c'est celui adopté par les Orientaux : dent pour dent, œil pour œil, torture pour torture! Et la tienne commence maintenant! Tu sais que tu vas souffrir et tu as peur! »

Puis, sans plus faire attention à ses prisonniers, le corsaire français saisit la barre du gouvernail, tandis que le patron et un autre matelot, occupé à l'avant, armaient chacun un nouvel aviron.

« Nage ferme! s'écria-t-il; à Gosport, mes enfants. Punissons d'abord les coupables et ensuite nous reviendrons dans la baie où Surcouf nous attend. »

Les canotiers se courbèrent, et le canot, enlevé par l'effort de ces hommes dont l'énergie était décuplée par les circonstances critiques dans lesquelles ils se trouvaient, fendit les eaux tranquilles avec l'impétuosité d'une feuille sèche poussée par le vent du nord.

Ripeaut, l'œil enflammé du plaisir de la vengeance, et enivré de l'heureuse issue de l'entreprise téméraire qu'il avait tentée, Ripeaut excitait encore ses rameurs, dont la respiration haletante attestait l'ardeur.

Bientôt la masse de terre formant la pointe ouest de la baie apparut à une courte distance de l'embarcation.

Ce moment coïncidait minute pour minute avec celui où la calèche, conduisant à Portsmouth Georges, Fuller, Cœlia et Marthe, quittait Portsea-Bridge et gravissait la colline du haut de laquelle l'œil rencontrait une vue générale de la baie.

Le même phénomène atmosphérique, qui se produisait alors sur la terre ferme, eut lieu également en mer; le brouillard commença à se dissiper.

Déjà, en se retournant, Ripeaut pouvait distinguer les feux de la ville, ceux du port et les mâtures élancées des navires au mouillage.

Déjà même il concentrait toute son attention sur un vaisseau qui, par une manœuvre hardie, venait de se placer à la hauteur des pontons et paraissait attendre, immobile au centre de la baie, lorsque tout à coup cette immense clarté qui avait frappé sir Georges et ses compagnons d'une commotion électrique, illumina la ligne des pontons.

Puis, les échos de la baie tremblèrent sous le choc d'une canonnade subite, et la ville entière de Portsmouth sembla se dresser sous un ciel de feu.

« Tonnerre! hurla Ripeaut, nous sommes trahis. A terre, enfants! enlevez les prisonniers! Nos frères nous attendent! »

Et, joignant l'exemple aux paroles, le corsaire s'élança à la mer dont l'eau lui monta jusqu'à la poitrine.

Les matelots le suivirent; un seul demeura pour garder le canot.

Quatre d'entre eux enlevèrent Rawlow et Weis qu'ils chargèrent sur leurs épaules et disparurent avec eux dans les ténèbres, gagnant la côte aussi rapidement que le leur permettait la marée montante.

XII

Les rascals.

Pendant que Ripeaut traversait la baie, pendant que Georges, Fuller, Cœlia et Marthe couraient sur la route de Portsmouth, de terribles événements s'accomplissaient à bord du Britannia, et, venant remettre en question la liberté si chèrement acquise de quelques-uns des prisonniers évadés l'avant-veille, menaçaient de compromettre le plan général de l'évasion.

Le lecteur se rappelle sans doute que nous avons laissé Marcof organisant une patrouille et contraignant le caporal Peters à jouer son rôle dans la sanglante comédie qu'il méditait.

Les prisonniers, décidés à tout, prêts à braver les dangers pour voir se terminer enfin cette existence d'agonisants qui, depuis si longtemps, était la leur, les prisonniers attendaient avec anxiété le moment décisif.

Marcof, quoique connaissant la trahison commise par Michel, quoique sachant que les Anglais étaient sur leurs gardes, n'avait pas hésité à continuer l'entreprise commencée.

Lui et Lacousinnerie avaient seulement échangé quelques paroles à voix basse, puis Marcof alla rejoindre ses hommes, tandis que Lacousinnerie, roulant dans la poudre une longue mèche préparée d'avance, s'occupait à l'adapter à une étroite ouverture pratiquée dans l'une des caisses placées contre la cloison, caisses apportées dans les sacs par Gatifet et par Lioris.

Marcof, serrant le bras de Peters dans sa

main puissante, montait l'escalier de l'écoutille suivi de ses compagnons.

L'instant était critique... Le ciel noir apparaissait par l'étroite ouverture.

La présence inattendue d'un officier sur le pont pouvait tout compromettre.

Heureusement le brouillard qui, à terre, se dissipait déjà légèrement, était encore épais sur les eaux vaseuses de la baie.

La patrouille traversa la moitié du pont sans être inquiétée et atteignit la tête de l'escalier courant sur les flancs du navire et communiquant avec la galerie extérieure de tribord.

Un soldat était en faction sur les premières marches.

Peters le releva, le remplaça par un Français, et l'Anglais prenant rang dans la patrouille, suivant l'usage, on descendit sur la galerie.

Quatre sentinelles veillaient de ce côté. Elles furent relevées à leur tour avec le même succès, sans que rien décelât que les Anglais soupçonnassent seulement la ruse.

Tout paraissait marcher à souhait.

Marcof jeta un coup d'œil sur la mer et

aperçut les ombres des embarcations attendues se projeter à travers le brouillard.

« Reconduis-nous tous dans la batterie, » dit-il à voix basse au caporal.

La petite troupe remonta l'escalier.

Elle traversa une seconde fois le pont, et elle allait atteindre la grande écoutille, lorsque le lieutenant Christy, le second du Britannia, se trouva subitement sur son passage.

Le hasard seul avait conduit l'officier anglais. Il se promenait sur le pont en attendant son chef, et lorsque la patrouille avait traversé une première fois le tillac, Christy se trouvait à l'extrémité opposée et n'avait par conséquent pu la voir.

Christy avait bien reçu dans la soirée les ordres du transport-office, il savait bien qu'une conspiration nouvelle avait été découverte, et croyant Rawlow prévenu également, il avait pris des mesures de précaution en attendant les ordres de son commandant, dont il ne comprenait pas le retard à se rendre à bord.

Mais Christy ignorant, ainsi que le transport-office, à quel bord devait éclater le complot, persuadé, d'après les avis qu'il avait reçus, que c'était de terre que devait venir le danger, Christy avait fait veiller silencieusement ses hommes qui, le fusil chargé, attendaient dans leurs carrés, et s'était borné à doubler le nombre des sentinelles sur la galerie de bâbord, celle située du côté de la terre ferme, laissant celle de tribord qui avait devant elle l'immensité de la baie, dans les conditions ordinaires.

Or, c'était précisément sur la galerie de tribord qu'étaient descendus Marcof et les siens, cette galerie étant celle devant servir à l'évasion.

Christy, en voyant une patrouille déboucher de ce côté, fit vivement un pas en avant; puis, reconnaissant les uniformes, l'officier s'arrêta :

« D'où venez-vous ? demanda-t-il brusquement sans pouvoir, à cause de l'obscurité, distinguer les visages des prétendus soldats.

— Nous venons de relever les sentinelles de tribord, mon lieutenant, répondit Peters qui pâlissait sous l'énergique étreinte de Marcof.

— Mais, il n'est pas l'heure !

— Je croyais.... balbutia le caporal.

— Que signifie cela? Qui a donné cet ordre? s'écria le second avec colère. Holà! du monde! Apportez des falots! »

Peters voulut balbutier de nouveau un commencement d'explication, mais Marcof ne lui en donna pas le temps.

Comprenant l'imminence du danger et ne voulant pas laisser aux Anglais le temps de découvrir le complot, il sauta sur Christy qu'il étreignit de la main gauche à la gorge pour l'empêcher de crier, et de la main droite il lui troua la poitrine d'un coup de poignard.

Cette action fut si vive, si rapide, si instantanée, si inattendue surtout, que les soldats anglais, mêlés aux Français, ne la comprirent que lorsqu'elle fut accomplie, et ne purent, par conséquent, tenter un seul effort pour s'y opposer.

Seulement, en voyant tomber le second du Britannia, ils firent instinctivement un mouvement brusque vers lui; mais leurs camarades de rang, dont ils n'avaient pas encore deviné la nationalité, se jetèrent sur eux d'un même élan.

Surpris, désarmés en un clin d'œil, renversés et poignardés, les Anglais roulèrent sur le pont, qu'ils inondèrent de sang.

Pas un cri n'avait pu être jeté : un râle sourd était seul échappé de ces bouches contractées maintenant par la mort.

Ce premier acte du drame qui allait avoir lieu s'était passé au pied même du grand mât.

Cette partie du ponton, réservée dans le jour à la promenade des prisonniers, était toujours déserte la nuit. Les Anglais se tenaient à l'avant et à l'arrière, ainsi que nous l'avons expliqué au commencement de ce récit.

Cette solitude, jointe au brouillard, avait donc merveilleusement servi les Français dès le début de leur entreprise. La patrouille, conduite par Peters, n'avait été aperçue de qui que ce fût, et la mort du lieutenant Christy, suivie de près par le meurtre des soldats, n'avait non plus éveillé l'attention des sentinelles des gaillards.

L'un des premiers qui étaient tombés sous les coups des Français avait été Peters.

Délivré de la rude étreinte de Marcof au moment où celui-ci bondissait sur Christy, il s'était élancé pour fuir, mais une main de fer l'avait saisi par le bras et Peters avait vu briller devant ses yeux éblouis la lame aiguë d'un couteau qui s'abaissait sur sa poitrine.

Peters avait fait un bond en arrière en sentant le froid de l'acier qui pénétrait dans ses chairs, puis il était tombé lourdement au milieu des autres cadavres.

L'Anglais, cependant, n'était pas mort; il était même assez légèrement blessé.

Le couteau, en le frappant, avait glissé sur une côte et le sang qui avait rougi sa lame provenait d'une longue estafilade entamant seulement l'épiderme.

Mais Peters, comprenant la situation critique dans laquelle il se trouvait et entrevoyant dans cet événement même un moyen d'échapper à une mort à peu près certaine, Peters s'était laissé choir pour éviter un second coup, et son corps demeurant immobile sur le pont fit croire à celui qui l'avait frappé que le caporal avait réellement cessé de vivre.

Aussi lorsque Marcof, promenant autour de lui un regard rapide, demanda à voix basse si chacun avait fait son devoir et si les soldats étaient bien morts, lui répondit-on unanimement en lui désignant les cadavres.

« Bravo, enfants! dit l'intrépide corsaire, la besogne est bien commencée, maintenant nous sommes maîtres du terrain. Descendez tous à tribord rejoindre vos camarades que j'ai placés en sentinelles sur la galerie, et tenez-vous prêts à aider l'accostage des canots qui courent en ce moment sur nous! Hâtez-vous! je m'affale dans la batterie, et au premier signal les mantelets seront brisés. Gardez bien la tête de l'escalier, que personne ne puisse descendre! »

Les prisonniers se dirigèrent vivement vers l'ouverture des bastingages, et Marcof fit un pas pour regagner l'écoutille, mais en agissant ainsi ils s'éloignaient tous du grand mât où gisaient les cadavres.

Peters, l'œil au guet, voulut profiter de cette heureuse circonstance; prenant doucement son fusil qui était tombé à ses côtés et dont les Français, dans leur précipitation, avaient négligé de s'emparer, il se ramassa sur lui-même, puis, au moment où les prisonniers atteignaient l'escalier et où Marcof s'avançait vers l'ouverture béante de la grande écoutille, il bondit en avant en poussant un cri d'appel.

Marcof et les prisonniers se retournèrent brusquement et s'élancèrent d'un même mouvement, mais Peters n'était déjà plus à la portée de leurs bras.

Brandissant son fusil, Peters allait pousser un second cri, en franchissant le petit panneau, lorsque de cette autre ouverture communiquant également avec le faux pont où se trouvaient les prisonniers, surgit tout à coup un homme qui sembla se dresser sur les pas de l'Anglais.

Cet homme était Gatifet.

Inquiets du piétinement causé par la lutte et qui avait retenti au-dessus de leur tête, inquiets plus encore du silence qui avait suivi ce court tumulte, les prisonniers avaient chargé Gatifet d'aller éclairer le pont.

Celui-ci s'élançait au moment où Peters poussait son premier cri et, ainsi que nous l'avons dit, il surgissait à l'instant précis où l'Anglais s'apprêtait à franchir le panneau pour sauter sur le gaillard d'arrière.

Gatifet reçut Peters dans ses bras tendus :

l'Anglais surpris voulut lutter, mais son corps sec se plia en arrière sous l'étreinte du Breton.

Gatifet, étouffant son ennemi, le renversa sur le pont avec la rapidité de la foudre qui frappe, et, le saisissant par le collet de l'uniforme et par la ceinture du pantalon, il l'enleva au-dessus de sa tête, le balança un moment dans l'air, puis, avec une force surhumaine, il le lança par-dessus les bastingages de bâbord.

Un cri, un cri effrayant dans lequel se résumait l'expression suprême de la rage, de la douleur et de l'effroi, s'échappa rauque et sinistre, de la poitrine du caporal anglais.

A ce cri succéda aussitôt un bruit sourd.

Le misérable venait de tomber sur l'angle de la galerie extérieure et s'y était brisé le crâne.

Mais le premier appel de Peters et le cri qu'il venait de pousser avaient donné l'éveil aux Anglais placés sur le gaillard d'avant.

Dix ou douze s'élancèrent sur le pont.

« Feu ! commanda un officier.

— A l'arrière ! » dit vivement Marcof en

entraînant ses hommes au moment où les fusils anglais s'abaissaient.

Un éclair sillonna l'avant du navire, et dix coups de feu, en renversant deux Français, donnèrent l'alarme à tout le ponton.

Les sentinelles placées de l'autre côté, surprises et ne recevant pas de réponse à leur : qui vive? firent feu à leur tour dans la direction d'où partait le tumulte.

Kerouët fut blessé et trois autres Français furent tués.

« Les canots ! » cria une voix partie de la galerie de tribord.

Marcof s'élança vers la batterie. Kerouët tout sanglant le suivit.

« Les canots! » hurla le corsaire. Brisez les mantelets. »

Vingt coups de hache lui répondirent.

Les madriers crièrent, les murailles craquèrent, les barreaux tombèrent, et les sabords furent déblayés en moins de temps que nous ne mettons à le décrire, tant l'énergie du désespoir était puissante chez les prisonniers, qui entrevoyaient la liberté pour prix de leur courage et de leur hardiesse.

Les Français s'élancèrent en foule.

Les canots conduits par Bléas arrivaient au pied de la galerie.

Cependant les soldats anglais, dont le nombre avait été doublé le soir même d'après les ordres du transport-office, et qui, tenus en éveil, étaient préparés à tout, s'élancèrent de toute part et prirent rapidement l'offensive.

A l'avant et à l'arrière les fusils apparurent dans les meurtrières, et une grêle de balles balaya la batterie et le faux pont.

En moins de quelques secondes, plus de deux cents Français roulèrent dans les convulsions de l'agonie.

Les balles anglaises arrivaient à coup sûr dans cette masse agglomérée le long des sabords.

Un quart seulement des prisonniers était déjà parvenu à gagner les canots, et encore les malheureux subissaient-ils le feu meurtrier des soldats placés sur la drôme et sur le pont.

Un effrayant carnage allait peut-être avoir lieu et changer la face des choses, lorsque Lacousinnerie bravant la pluie de projectiles qui sillonnait la batterie dans tous les sens, rampa lestement jusqu'à la caisse de poudre.

Appuyant la mèche préparée sur le bassinet de son pistolet, il fit jaillir l'étincelle de la pierre.

La poudre s'enflamma.

« Hardi et vivement! » cria le corsaire en se précipitant vers un sabord libre.

Une effroyable détonation accompagna plutôt qu'elle ne suivit ses paroles.

Le Britannia trembla sur sa quille.

La cloison-rempart, brisée par la secousse, craqua avec un bruit affreux et se renversa sur les Anglais qu'elle tua ou blessa et dont elle paralysa ainsi les efforts.

Le feu suivit de près la détonation et gagna rapidement l'avant du navire.

Alors, ce fut un sauve-qui-peut général.

Les Français, se précipitant tête baissée sous les balles, sautèrent dans les canots ou à la mer.

Près de la moitié des fugitifs trouvaient la mort dans les eaux glacées ou sous le feu des Anglais qui, avec cette ténacité qui est le propre de leur caractère national, combattaient froidement sans s'inquiéter des flammes qui commençaient à mordre le pont brûlant du ponton.

En voyant la moisson abondante que la mort faisait autour de lui, Marcof pressait son front dans ses larges mains aux doigts crispés.

« Je voulais en sauver huit cents, se disait-il, et à peine pourrai-je en ramener la moitié ! Enfin ! le bonheur de ceux-là sera ma récompense, et mieux vaut, après tout pour les autres, le sommeil éternel que le séjour des pontons anglais. »

Puis, se retournant vers Bléas et les autres patrons des canots :

« Pousse ! dit-il, au large et vivement ! »

Les embarcations, encombrées, menaçaient de couler sous le poids des Français.

Mais qu'importait une mort probable, un péril nouveau ? Le but n'était-il pas atteint ? N'avaient-ils pas tous quitté l'horrible prison flottante à bord de laquelle ils avaient tant souffert !

Aussi pas un de ceux qui survivaient encore n'eût-il échangé le danger présent contre les angoisses passées.

Ils avaient sous leurs pieds la mer qui pouvait s'entr'ouvrir, ils avaient derrière eux les fusils anglais qui leur lançaient une pluie de fer et de plomb, mais au-dessus de leurs têtes était le ciel et en face d'eux l'espoir de la liberté.

Toutes les chaloupes que Surcouf avait pu rassembler pour envoyer au Britannia étaient au nombre de sept. Il y en avait bien une huitième à bord du Georges, mais c'était celle-là qu'avait prise Ripeaut de Monteaudevert pour accomplir son expédition.

Ces huit chaloupes étaient remplies à couler, nous l'avons dit, et cependant elles s'éloignaient du ponton enflammé. Surcouf, à bord du Georges, trépignait d'impatience, mais il était cloué sur son navire et il ne pouvait rien pour ceux qu'il voulait sauver... Il ne pouvait rien, car, d'après le plan arrêté entre lui et Marcof, le corsaire devait demeurer dans l'ombre et attendre, en louvoyant pour se rapprocher de la sortie de la baie, que les embarcations vinssent le rejoindre.

Agir autrement eût été compromettre inutilement et infailliblement le salut général. Surcouf le savait et il avait dû, malgré lui, accepter cette inaction momentanée.

En effet, si le Georges, alors sous les feux

des remparts et des vaisseaux de ligne ancrés à peu de distance, eût découvert imprudemment sa présence et ses intentions, il eût été coulé sous un ouragan de boulets, sans pouvoir espérer échapper à une destruction complète.

Gagnant doucement l'entrée de la baie, au contraire, recevant alors les fugitifs, il se serait ainsi éloigné des vaisseaux de guerre d'abord, et il n'eût été exposé ensuite qu'à une seule volée des canons des forts.

A moins d'avaries graves, il serait sauvé.

Ce plan hardi, aventureux, comportait bon nombre de chances fatales, il est vrai, mais il était certainement le seul praticable et offrait le plus de moyens de salut.

Le Georges, au moment où les chaloupes avaient quitté le Britannia, avait lui-même donné un peu de toile au vent et filait doucement vers la passe.

Malheureusement, lorsque Marcof et Surcouf avaient formé ce plan téméraire, ils avaient compté sur l'ignorance où seraient les Anglais du complot organisé, et Michel en livrant le secret de l'évasion devait en compromettre la réussite.

Cependant le temps manquait, il avait

fallu agir et, s'en remettant au hasard et au Dieu protecteur des corsaires de France, Marcof et Surcouf avaient dû continuer l'œuvre commencée.

Donc, tandis que le Georges courait une bordée vers l'est, tandis que le Britannia s'embrasait, les chaloupes chargées de prisonniers fugitifs avançaient lentement, cherchant à gagner les zones obscures.

Gatifet, Lioris et Kerouët se trouvaient dans la première, tous trois au courant des détails du plan convenu, tous trois animant leurs compagnons et nageant vers le Georges, dont on apercevait déjà la masse noire.

Marcof, dans la dernière chaloupe, fermait la marche. Les rameurs nageaient avec une vigueur décuplée par la fièvre.

Les huit embarcations venaient de quitter enfin les eaux des pontons. Déjà les Français se croyaient sauvés.

Marcof, cependant, interrogeait l'horizon avec une expression d'angoisse impossible à rendre.

Il savait que les Anglais connaissaient le complot et, comparativement à ce qu'il redoutait, le peu de résistance qu'il avait fallu vaincre pour quitter le Britannia l'avait vivement inquiété.

Cette fuite sans poursuite apparente l'inquiétait maintenant plus encore.

« Nous allons tomber dans quelque horrible piége, » murmurait-il, en serrant de ses doigts crispés la barre du gouvernail sur laquelle il s'appuyait.

Il n achevait pas, qu'un rictus formidable éclaira sa physionomie et qu'un cri s'échappa de sa gorge.

« Séparez les chaloupes pour offrir moins de prise aux boulets ! » hurla-t-il d'une voix qui domina le tumulte général.

Mais il n'était plus temps...

L'obscurité qui entourait les chaloupes venait de cesser : une clarté subite illuminait la baie.

Des torches allumées spontanément jetèrent sur la mer leurs feux rougeâtres, et les Français stupéfiés se virent pris entre quatre navires de haut bord qui formaient une double digue de chaque côté des chaloupes au-dessus desquelles on apercevait les gueules menaçantes des caronades.

Au même instant, le Britannia dont l'incendie augmentait de fureur, s'enflamma tout entier de sa coque à l'extrémité de ses mâts, et cette lueur sinistre, ajoutant à la clarté des torches, embrasa le ciel et illumina la baie tout entière.

Puis, une détonation formidable ébranla les échos, et du flanc des vaisseaux anglais s'abattit sur les chaloupes françaises une trombe de fer et de feux, crevant de toute part la surface unie des eaux.

Ce fut un moment effrayant, fantastique, qu'aucune plume au monde ne saurait décrire.

Une pluie d'écume soulevée par cette pluie de boulets jaillit tout à coup de la mer.

Surcouf à bord du Georges venait de tout voir, et, emporté par sa nature, fou de colère, ivre du désir de combattre, il était sauté sur la barre du gouvernail, et, virant brusquement sous le vent, toute sa voilure dehors, au risque de faire engager son navire, il s'élança au secours de ses amis.

C'était à ce spectacle saisissant qu'avaient assisté sur la route de Portsmouth, Georges, Fuller, Cœlia et Marthe, une heure après avoir quitté le cottage.

XVII

Les rascals.

(SUITE.)

Par l'un de ces hasards merveilleux et qui donnent de la foi à ceux-là même qui veulent douter de la Providence céleste, au moment où les navires anglais foudroyaient les embarcations portant les fugitifs, la marée montante atteignait son apogée.

Les flots puissants, s'engouffrant dans la passe étroite, se ruèrent dans la baie, et les vagues venant de la Manche refoulant celles causées par le ressac, occasionnèrent l'un de ces accidents de mer si communs sur l'Océan.

Ceux de nos lecteurs qui n'ont pas navigué ne comprendraient pas ce qui se passa alors, si nous ne leur en expliquions la cause.

Lorsque, en mer, un canot est amarré sur le flanc d'un navire et que les vagues leur impriment à tous deux les mouvements du tangage ou ceux du roulis, le navire et le canot, quoique étant mus par la même force, obéissent à cette force en sens opposé.

Ainsi, la première vague qui enlève le navire et le tient momentanément suspendu sur la crête écumante, creuse, par conséquent, une vallée à sa base, et c'est dans cette vallée que s'enfonce le canot.

La seconde vague produit l'effet contraire : le navire descend dans le sillon et le canot s'élance au sommet de la colline liquide ; de sorte que dans les gros temps, par exemple, il est fort difficile et fort dangereux de passer de la plate-forme de l'escalier serpentant le long de la muraille d'un vaisseau, dans l'embarcation amarrée à son bord.

Eh bien! c'est à cet effet naturel causé par le choc de la vague sur les parois de la coque puissante d'un gros navire, que nous avons fait allusion au début de ce chapitre, à propos de la protection accordée par la Providence aux infortunés fugitifs du Britannia.

En effet, les huit chaloupes françaises se trouvaient alors dans un véritable défilé, dont les bordures étaient les quatre navires de ligne.

Les vagues de la marée montante rencontrant un nouvel obstacle en se heurtant à ces vaisseaux, se refoulèrent naturellement les unes sur les autres et se heurtèrent au centre, là où se trouvaient les embarcations.

Celles-ci, obéissant à la force d'impulsion et enlevées par une irrésistible secousse, bondirent au sommet des vagues, tandis que les quatre vaisseaux, subissant ce mouvement contraire dont nous avons parlé, s'abaissèrent simultanément dans les flots.

Ces deux élans opposés se produisirent par un miracle favorable, à l'instant précis où le mot: « feu! » retentissait dans les batteries anglaises.

Les caronades tonnèrent, mais les boulets,

rasant les quilles des chaloupes, s'enfoncèrent dans la baie sans en atteindre aucune.

La fumée, en se dissipant, fit pousser un cri de joie aux Français et un cri de rage aux marins de la Grande-Bretagne.

Malheureusement ce premier danger, auquel on venait d'échapper d'une façon qui tenait du prodige, allait être suivi d'un second, contre lequel rien ne pouvait plus protéger les chaloupes.

Les caronades rechargées lancèrent une seconde volée, et cette fois le feu fut meurtrier.

La première chaloupe, celle où se trouvaient Gatifet et Lioris, eut tout un banc de rameurs emporté par un boulet.

La seconde ne subit que des pertes insignifiantes, mais la troisième et la quatrième reçurent le torrent des projectiles lancés à un quart de portée au plus.

L'effet fut désastreux. La chaloupe montée par Marcof eut son avant troué et menaça de couler, l'autre fut littéralement broyée.

Cette fois les Anglais poussèrent un hourra de joie !

« Tout le monde à l'arrière et nagez ! »

s'écria Marcof dont le sang-froid admirable ne faillissait pas.

La mer offrait un affreux coup d'œil.

L'embarcation qui avait succombé surnageait en débris sanglants. Les hommes qu'elle contenait roulaient dans les vagues, les uns immobiles, les autres luttant contre la mort.

Cadavres et blessés se heurtaient, laissant derrière eux une traînée rougeâtre.

Obéissant à une généreuse impulsion, les deux premiers canots tentèrent de virer de bord pour venir au secours de leurs frères. Cette manœuvre allait devenir la perte de tous, car en s'accomplissant, elle s'opposait au passage de la chaloupe de Marcof, qui se soutenait à peine sur l'eau, et elle remettait sous le feu des navires les trois embarcations françaises.

Cependant, le sacrifice allait s'accomplir, lorsque deux incidents inattendus vinrent subitement changer la face des choses et rendre aux fugitifs leur courage expirant.

Au moment où la seconde chaloupe appuyait pour virer, un canot lancé comme une bombe glissa entre deux des navires, arrivant de la baie, et surgit tout à coup sur le lieu du sinistre pour recueillir les naufragés. Ce canot était celui de Ripeaut de Monteaudevert.

« Au Georges ! » hurla le corsaire en s'adressant aux autres chaloupes, tandis qu'avec un dévouement sans exemple il arrêtait son embarcation sous le feu des navires, afin de recueillir ceux dont la mort n'avait pas voulu encore.

Puis, au même instant, un nouvel et formidable éclair déchira la ligne obscure qui s'étendait vers la passe, et une détonation retentit.

Mais cette fois ce n'était pas contre les chaloupes françaises qu'était dirigé le feu.

C'était le corsaire conquis par Surcouf qui, ayant achevé de virer, était venu s'embosser en face des vaisseaux de ligne.

Prenant le premier en enfilade, ses boulets balayèrent son pont et coupèrent son grand mât qui s'abattit sur l'avant, broyant les bordages et le gaillard.

Cette diversion, à laquelle les Anglais étaient loin de s'attendre, sembla les frapper de stupeur.

Avant qu'ils ne fussent revenus de leur surprise, une seconde bordée faisait subir au second vaisseau les avaries les plus graves.

Une clameur immense s'éleva de toutes parts.

« Avant! nagez! courage »! crièrent ensemble Marcof et Ripeaut, et les chaloupes en profitant du tumulte et de la confusion qui régnait sur les bords anglais, s'élancèrent avec un suprême effort et atteignirent le navire sauveur.

Celui-ci, fièrement dressé en face de ses ennemis, les foudroyait du feu de ses vingt canons de bâbord servis par moins de cinquante hommes ; mais telles étaient l'ardeur, la frénésie, la rage qui dominaient les compagnons de Surcouf, que jamais batterie de navire de ligne ne fut mieux ni plus rapidement parée.

Les chaloupes glissant sous le beaupré vinrent accoster par tribord à l'abri du feu.

Grelins pendants, bossoirs, chaînes d'ancre, drisses flottantes, porte-haubans devinrent en un clin-d'œil autant de moyens d'escalader les murailles.

On eût dit un assaut, à voir l'énergie avec laquelle se cramponnaient sur la coque brune du Georges les malheureux qui venaient d'échapper à une mort certaine.

Lioris, Gatifet, Kerouët furent les premiers sur les bastingages. Marcof et Ripeaut de Monteaudevert quittèrent les embarcations les derniers, aidant les faibles, protégeant les blessés.

Puis enfin tous deux escaladèrent la muraille et sautèrent sur l'arrière du Georges.

Une étreinte rapide leur dit mutuellement le bonheur que chacun d'eux ressentait en retrouvant au milieu du carnage un ami sain et sauf.

Ensuite tous deux s'élancèrent.

Il s'agissait d'abord de dégager le Georges de la situation dangereuse dans laquelle l'ardente générosité de Surcouf l'avait mis.

Les deux navires qui avaient essuyé ses premières bordées, étaient à peu près incapables de lui nuire, mais les deux autres, coupant leurs chaînes d'ancre à coups de hache, s'efforçaient d'atteindre le corsaire.

Trente embarcations lancées à la mer se mirent en devoir de remorquer les deux vaisseaux de ligne qui, forts chacun de plus de soixante-dix canons, pouvaient facilement broyer le Georges en le tenant entre deux feux.

Pendant ce temps l'incendie du Britannia augmentait encore, et d'énormes langues de feu s'élançaient dans les airs.

Les autres pontons envoyaient partie de leurs canots à son bord et partie à la chasse du Georges dont les manœuvres non encore établies, rendaient la situation critique.

C'est que, dans le premier moment, une confusion effrayante régna sur le pont de la frégate.

Les prisonniers qui avaient fait le premier pas vers la liberté, couraient çà et là, éperdus de joie, se cherchant, s'appelant, se comptant.

Cinq minutes s'écoulèrent avant que Surcouf eût pu faire entendre ses ordres, et cinq minutes étaient plus précieuses alors, cependant, que cinq années dans toute autre circonstance.

Enfin, le calme se fit.

Marcof et Surcouf ordonnèrent à tous ceux qui n'étaient pas marins de laisser le pont libre et de descendre dans les batteries.

Puis cette première mesure d'ordre arrêtée, il fallut diviser rapidement les matelots en bâbordais et en tribordais, choisir les gabiers, donner enfin à chacun son poste de manœuvre et de combat.

La moindre confusion eût pu causer la perte du Georges, car la passe était difficile et le vent peu favorable.

Un quart d'heure s'écoula à prendre ces soins d'absolue nécessité.

Or, un quart d'heure avait été plus que suffisant pour informer l'amirauté de ce qui venait de se passer dans la baie, et les détonations mêmes avaient suffi pour mettre sur pied toute la garnison de la ville.

Les batteries des forts étaient garnies, celles à fleur d'eau s'éclairaient du feu des torches : on sentait que tout un monde s'agitait derrière ces embrasures que les canons perçaient de leur large gueule.

La passe était défendue par une redoutable artillerie.

Surcouf cependant avait recouvré toute sa froide présence d'esprit.

Marcof, lui abandonnant le commandement, avait donné le premier l'exemple de l'obéissance passive en se plaçant à l'avant, poste du second de tous les navires, durant l'appareillage ou le combat.

Mal-en-train, Gatifet et Bervic servaient de maîtres.

Lioris et Ripeaut commandaient dans les batteries.

Swindon était toujours attaché au pied du grand mât.

Surcouf le délia et le conduisit à la roue du gouvernail.

« Tu vas gouverner pour franchir la passe, lui dit-il, la liberté pour toi sitôt que nous serons en vue des côtes de France, la mort si nous faisons une fausse manœuvre. Je ne te quitte pas ! »

Le corsaire anglais courba la tête et prit le poste qui lui était désigné.

Alors, sur l'ordre du commandant, Gatifet fit larguer le petit foc. Le Georges s'inclina et s'élança en avant.

Malheureusement le brouillard s'était complètement dissipé, et le Britannia, en flammes, éclairait les moindres mouvements de la frégate.

La situation du Georges était effrayante.

Les boulets des forts pleuvaient sur l'endroit de la passe qu'il devait franchir, et aux boulets des forts venaient se joindre ceux des deux vaisseaux qui maintenant lui barraient la route ; puis, derrière lui, coupant le chenal opposé, la seconde porte de salut, le

Solent-Séa qui contourne le nord-ouest de l'île de Wight, s'avançaient deux frégates qui venaient de se détacher de l'escadre.

Cependant il fallait passer.

Chaque nouvelle minute qui s'écoulait, en donnant aux Anglais un temps plus long pour prendre des mesures nouvelles, diminuait d'autant les chances favorables aux Français.

Surcouf n'hésita pas : il choisit le danger moindre.

Repoussant Swindon et prenant lui-même la barre, il vira de bord sous le feu des batteries avec cette audace extraordinaire qui faisait sa puissance, et, fuyant devant les gros navires, il courut droit sur les frégates, passa au milieu d'elles, rasant leurs bordages et leur lançant ses deux bordées à la fois à bout portant.

Un rugissement de colère s'éleva de tous les points de la rade, de la baie et de la ville.

Le feu de tribord du Georges avait été si bien dirigé et si terrible, qu'une des deux frégates coula presque instantanément.

Des hurlements de triomphe poussés par les Français répondirent aux cris de rage de leurs ennemis.

Lioris surtout, Lioris qui commandait la batterie qui venait d'accomplir cette prouesse, ne pouvait contenir sa frénésie.

Gatifet, rendu fou par le danger, le combat, les circonstances critiques, sauta sur la drisse d'artimon et hissa victorieusement dans les airs les couleurs françaises !

« Vive l'Empereur ! » s'écrièrent les matelots dans un paroxysme de joie, d'audace et de furie.

Quatre bâtiments de ligne quittaient la rade et couraient dans le sillage du Georges.

Surcouf se pencha vers Swindon et lui appuya le canon de son pistolet sur le front :

« Le Georges porte-t-il de la toile ? dit-il d'une voix brève.

— Oui ! répondit Swindon.

— Alors, s'écria le hardi Breton en s'adressant à son équipage, en haut les gabiers ! Larguez tout ! hissez tout ! De la toile au vent, tonnerre de Brest ! à faire craquer la mâture ! »

L'enthousiasme était tel, que personne n'attendit le sifflet des maîtres. Matelots, gabiers, officiers de terre et de mer, soldats, contre-maîtres, s'élancèrent sur les enfléchures, s'éparpillèrent sur les vergues, dans les hunes, et en un clin d'œil le Georges se couvrit de ses voiles.

On eût dit un prodige accompli par la baguette d'un enchanteur.

« Dieu est pour nous ! hurla Surcouf dans un paroxysme de bonheur. Voilà le brouillard qui s'élève ! »

Effectivement une variation subite de température permit à une masse de vapeurs de se dégager des eaux, et la brume, un moment dissipée, enveloppa tout à coup la baie, la rade et les côtes.

« Fermez les sabords ! Éteignez les feux ! ordonna le corsaire en trépignant de joie.

— Mais, fit observer Lioris, comment gouverneras-tu au milieu de l'obscurité ?

— Je réponds de tout, messieurs ! » fit une voix ferme.

Lioris et Surcouf se retournèrent brusquement : William l'Irlandais était à la barre du gouvernail.

« Quoi ! dit Surcouf avec étonnement, tu n'es pas retourné à terre. Je t'ai cependant remis la somme promise.

— Michel a failli vous perdre, répondit le pêcheur en secouant la tête. C'est au père à payer pour la trahison du fils. Je connais la passe. Je ne vous quitterai qu'en vue des côtes de France. Si vous succombez, je succomberai avec vous. »

Surcouf lui tendit la main.

« C'est la vie de ton fils que tu rachètes, lui dit-il. Tu peux pardonner, car nous pardonnons tous. »

En ce moment le Georges s'enfonçant dans les ténèbres et obéissant à la main savante qui le guidait, s'engageait dans le canal étroit, poussé par une brise favorable.

XVIII

La dette.

Une heure après, le Georges, doublant bravement la pointe de Yarmouth, faisait son entrée en Manche.

Le jour naissant, triomphant peu à peu de la brume épaisse, éclairait de ses rayons pâles et timides le chenal que venait de parcourir la frégate.

Au loin, par l'arrière du Georges, on pouvait distinguer les masses flottantes des bâtiments qui s'acharnaient à la poursuite des Français, mais il était incontestable que le navire monté par les rascals gagnait du double de vitesse sur ceux qui lui appuyaient la chasse.

Swindon avait dit vrai, le Georges était excellent voilier.

Seul, un petit canot ponté ayant l'apparence d'un yacht de plaisance, semblait lutter contre les allures rapides de la frégate avec un véritable succès.

Cette embarcation aux dimensions microscopiques courait, vent arrière, avec une vélocité telle qu'elle gagnait sur le Georges de minute en minute.

En interrogeant l'horizon, les Français avaient bien remarqué ce frêle ennemi dont l'acharnement était manifeste, mais sa faiblesse était tellement apparente, que matelots et officiers se contentèrent de hausser les épaules, en lui envoyant un regard de mépris, sans vouloir s'en préoccuper davantage.

Le Georges dont les hauts mâts pliaient, dont les basses vergues trempaient leurs extrémités dans la mer, courait, incliné sur tribord, ouvrant avec sa proue un large croissant d'écume au milieu des flots que fendait son taille-lame.

Surcouf et Marcof, libres seulement depuis quelques minutes de se rapprocher l'un de l'autre, se tenaient à l'arrière, les mains dans les mains, échangeant des regards qui peignaient vigoureusement ce qui se passait dans leur âme.

« Crois-tu que les Anglais se souviennent encore de nous? demanda Surcouf avec un sourire de triomphe.

— Je le crois, dit Marcof dont la mâle physionomie était éclairée par une expression joyeuse.

— Mais, fit Surcouf après un léger silence, ce qui m'étonne, c'est que nous ayons coulé une frégate avec une seule bordée. »

Lioris et Gatifet, arrivant en ce moment près des deux amis, entendirent la réflexion de Surcouf.

Lioris sourit.

« J'avais fait mettre deux boulets ronds dans chaque pièce, dit-il, et pointer au-dessous de flottaison.

— Allons! répondit Surcouf, Dieu protége véritablement la France et ses enfants!

— Oui, Dieu nous protége! reprit Marcof

en tendant sa large main à Gatifet, nous voici libres tous et tous heureux ! Toi plus que les autres, Gatifet !

— Oh ! répliqua le Breton, je suis heureux, c'est vrai ; mais je ne le serai complètement que quand j'aurai revu Marthe.

— Marthe ! dit Marcof en reculant. Ne l'as-tu pas vue encore ?

— Où cela ? s'écria le contre-maître, dont les yeux s'ouvrirent démesurément.

— Mais à Gosport ! Il y a deux jours elle était à Portsmouth, te cherchant. Moi-même, je lui ai remis un billet où je lui apprenais ton évasion et l'endroit où elle te trouverait.

— Marthe à Portsmouth ! Marthe en Angleterre ! » répéta Gatifet en devenant d'une pâleur livide et en chancelant.

En effet, Marcof depuis qu'il avait repris son véritable nom, n'avait vu Gatifet que quelques heures auparavant, durant ces quelques minutes qui avaient précédé le terrible événement de l'évasion générale, lorsque Gatifet avait, avec Lioris, apporté à bord du ponton les quatre sacs renfermant les armes, la poudre et les uniformes anglais.

Les secondes étaient alors trop précieuses pour être consacrées à une causerie intime.

D'ailleurs Marcof était persuadé que Marthe, suivant ses instructions, avait gagné Gosport et avait revu son mari.

Les événements de la nuit avaient séparé les deux marins et les avaient empêché de communiquer ensemble.

A cette révélation inattendue de la présence de sa femme sur le sol britannique, Gatifet avait senti le sang envahir sa poitrine.

Le brave matelot ne se soutenait qu'avec peine.

Enfin il reprit ses forces.

« Une chaloupe! une chaloupe! dit-il à Surcouf.

— Pourquoi? demanda celui-ci avec étonnement.

— Pour retourner à Portsmouth.

— Retourner à Portsmouth! tu es fou! Tu seras pris vingt fois avant d'arriver, et ta captivité ne servira pas ta femme. Les Anglais te tueront!

— Qu'importe! Je veux voir Marthe! Je ne veux pas la laisser seule sur cette terre maudite! Marthe! mais c'est ma vie! c'est mon bonheur ! Que m'importe la mort, pourvu que je la revoie !

— Calme-toi, dit Marcof, une fois en France nous aviserons, et dussé-je retourner avec toi...

— Une chaloupe, interrompit Gatifet, une chaloupe ou je me jette par-dessus le bord ! »

Marcof et Surcouf se regardaient avec embarras.

Gatifet, calme et résolu, se tenait debout, une main appuyée sur les bastingages et prêt à exécuter sa menace.

« Je ne puis pourtant pas te laisser retourner à terre ! » s'écria Surcouf en frappant du pied avec impatience.

Gatifet sauta sur le plat-bord.

« Une chaloupe ! répéta-t-il.

— Prends-la donc ! répondit Marcof, et que Dieu te conduise ! »

Gatifet courut le remercier.

Sur l'ordre de Surcouf, Mal-en-Train fit décrocher un canot et se prépara à le mettre à la mer.

En ce moment, le yacht dont nous avons parlé arrivait à portée de voix de la frégate.

Un drapeau blanc, signe de parlementaire, était hissé à sa corne d'artimon.

« Qu'est-ce que cela ! dit Surcouf en se penchant sur un banc de quart pour mieux voir.

Deux hommes et une femme étaient dans l'embarcation.

L'un des deux hommes se tenait au gouvernail, l'autre s'occupait de la voilure.

La femme priait agenouillée sur le pont.

Ce spectacle paraissait tellement étrange, éclairé qu'il était par les premières lueurs du jour, qui lui donnaient un aspect pour ainsi dire fantastique, que tous les hommes du Georges, y compris Gatifet lui-même, s'étaient arrêtés pour le contempler.

Le yacht approchait rapidement et l'un des hommes fit signe qu'on lui jetât une amarre.

Surcouf la lança lui-même.

Gatifet, obéissant à une attraction magnétique, s'était approché du bastingage.

Tout à coup il pousa un cri inarticulé et roula sur le pont.

Marcof se précipita vers lui. Gatifet était complètement évanoui.

Le pauvre matelot venait de reconnaître

Marthe en dépit de la toilette anglaise qui couvrait la Bretonne.

Le yacht accosta, la jeune femme s'élança sur l'escalier.

L'homme qui tenait la barre du canot se dressa subitement, et tournant ses regards vers Surcouf et vers Marcof qui cherchaient à comprendre le mystère de cette énigme :

« Surcouf! Marcof! dit-il lentement, souvenez-vous tous deux! vous, Surcouf, du midshipman du Triton, de celui auquel vous avez rendu si généreusement la liberté, en face de Madras, en lestant sa barque d'un sac de roupies qui devaient assurer son bonheur ; vous, Marcof, de la jeune femme anglaise que vous avez arrachée à la mort et que vous avez conduite, au milieu des périls, vers son mari blessé! Depuis quatorze heures je connaissais votre présence à Portsmouth. Je pouvais vous perdre, j'ai tout tenté pour vous sauver. Ma dette est payée! Au revoir, et que le Dieu des combats ne nous remette jamais en présence! »

A ces mots, l'amarre qui retenait le yacht aux flancs du Georges fut larguée sans attendre de réponse, et le Georges continua sa route, laissant stationnaire la légère embarcation.

XIX

La justice de Surcouf.

L'approche du jour n'avait pas diminué l'agitation qui régnait dans la baie de Portsmouth.

Le port et la rade étaient sillonnés plus que jamais par les embarcations du transport office, et des batteries flottantes étaient établies à la hâte en face des huit pontons demeurés muets spectateurs des événements de la nuit.

Les Anglais craignaient un soulèvement général.

L'agent général du service des prisons navales et le lord amiral veillaient eux-mêmes aux mesures de sûreté à prendre, tout en affectant de maîtriser la rage allumée dans leur cœur par le succès de l'incroyable entreprise des corsaires malouins.

Les malheureux prisonniers, instruits de tout et oubliant leurs propres souffrances, célébraient en chantant la victoire de leurs camarades et insultaient à la défaite de leurs geôliers.

Les commandants des pontons, rassemblés sur une vaste embarcation au milieu de la baie et groupés autour du lord amiral, recevaient les ordres de leur chef, et chacun d'eux s'apprêtait à rejoindre son bord, lorsqu'une chaloupe arrivant à force de rames de la pointe de Gosport, vint accoster le canot de l'amirauté.

Un officier sauta lestement par-dessus le double bordage, et s'approcha de l'amiral, auquel il parla rapidement et à voix basse.

L'amiral tressaillit et fit un mouvement brusque.

« Impossible, monsieur, impossible!... dit-il enfin.

— J'ai vu! répondit simplement l'officier.

— Vous avez vu?

— Oui!

— Et cela s'est passé, dites-vous?

— A la pointe de Gosport. J'avais poussé jusque-là suivant les ordres de Sa Grâce, lorsque mes hommes et moi avons été frappés par ce que je viens de vous rapporter. »

L'amiral se tourna vers les commandants des pontons.

« Que chacun de vous retourne à son bord, dit-il vivement, que personne ne descende à terre, et attendez de nouveaux ordres. »

Puis, s'adressant à ses canotiers, après que les officiers eurent quitté l'embarcation :

« Nagez! fit-il, nagez vigoureusement. »

La chaloupe, emportée par l'élan que lui imprimèrent les vingt avirons des rameurs, s'élança dans la direction de Gosport, parcourant la route que Ripaut de Montcaudevert avait suivie la veille, ayant sous ses pieds Rawlow, le commandant du Britannia, et Weis, l'infâme médecin du transport-office.

En moins d'un quart d'heure le trajet fut accompli.

En approchant de terre on voyait une foule nombreuse se pressant sur le rivage et entourant une sorte de mât qui s'élevait fièrement vers le ciel.

L'amiral sauta dans la mer avant même que le canot eût engagé sa quille dans le sable mouvant, et, suivi par ses officiers, il s'avança vivement sur la terre ferme; mais il s'arrêta subitement, stupéfié par l'étrange spectacle qui s'offrait à lui.

En voyant l'amiral, la foule s'était respectueusement écartée, et les regards des marins exprimaient leur colère et leur saisissement.

En effet, ce que, de loin, on avait pu prendre pour un mât, n'était pas autre chose qu'une belle et haute potence solidement enfoncée dans la terre.

Au bout du long bras de cet instrument de supplice appendait un cadavre qui se balançait dans les airs, tournant sous l'action de la corde qui l'attachait.

Puis, au pied de la potence, gisait un

groupe immobile formé par deux corps étroitement liés l'un à l'autre.

L'un de ces corps était celui d'un homme mort depuis plusieurs heures déjà, car il était en décomposition presque complète; l'autre, celui d'un homme vivant encore, mais privé de sentiment.

Au milieu de la potence on voyait, cloué, un énorme écriteau sur lequel on lisait ces mots écrits en caractères gigantesques :

JUSTICE DE SURCOUF ET DE MARCOF.

Le pendu était Rawlow.

Le second supplicié était Weis, et le corps auquel il était lié était le cadavre d'un Français atteint la veille au matin par la fièvre jaune, et mort des soins donnés par le misérable chirurgien qui l'avait tué plus sûrement que la terrible maladie elle-même.

Sur les ordres de l'amiral, la corde fut tranchée, et les liens qui retenaient Weis coupés rapidement.

Le corps de Rawlow fut déposé à terre ; le commandant du Britannia était mort.

Quant au docteur Weis, les soins qui lui

furent prodigués rappelèrent le peu d'existence qui restait encore en lui.

Il ouvrit les yeux, respira fortement et jeta autour de lui un regard hébété.

La peur avait détruit sa raison : le misérable était fou.

Les Français du Britannia étaient vengés : la justice des corsaires avait suivi son cours.

A l'heure même où se passait la scène que nous venons de décrire, c'est-à-dire vers midi, le yacht qui avait conduit Marthe à bord du Georges rentrait dans la baie de Portsmouth, et, filant le long des côtes de l'île de Wight, gagnait rapidement l'avant-port.

Deux matelots attendaient dans un canot : ils s'élancèrent sur la petite embarcation, qu'ils conduisirent le long du premier quai, et Georges et Fuller sautèrent légèrement sur les dalles.

Une calèche stationnait à une courte distance : les deux amis coururent vers elle.

« Eh bien? demanda Cœlia en avançant sa jolie tête aux traits expressifs.

— Sauvés ! dit à voix basse sir Georges, sauvés, et j'ai payé ma dette. »

La jeune femme attira à elle son mari et le pressa sur son cœur.

« Où allons-nous, maintenant? demanda Fuller.

— Où tu voudras, répondit sir Georges, ne sommes-nous pas libres, puisque nous avons tous deux envoyé nos démissions cette nuit-même? »

A ce même moment, les faibles rayons d'un soleil d'hiver se jouaient dans les agrès de la frégate conquise, et les vigies placées dans la haute mâture signalaient la terre.

Tous les Français prisonniers encore quelques heures auparavant, tous ces malheureux échappés enfin aux horreurs des pontons, se pressaient, le cœur palpitant, les mains étendues, les regards fiévreux, sur l'avant du navire.

« Enfants! s'écria Marcof en désignant le point bleuâtre qui apparaissait à l'horizon et que dévoraient toutes ces prunelles ardentes. Enfants! c'est la montagne du Roule! derrière s'étend Cherbourg! Voici la terre de France!

— Vive l'Empereur! » s'écrièrent les Français en saluant la patrie de leurs cris enthousiastes.

FIN DES RASCALS.

TABLE.

Chap. I.	Le transport-office (suite)............	5
II.	Le Georges......................	17
III.	Les engagés.....................	31
IV.	Les deux malouins.................	41
V.	Les facéties du docteur Weis.........	63
VI.	Cœlia..........................	77
VII.	Les souvenirs....................	87
VIII.	Les envoyés du transport-office.......	103
IX.	Williams l'Irlandais................	117
X.	Trahison.......................	135
XI.	Trahison (suite)..................	153
XII.	L'aide de camp...................	173
XIII.	La liberté......................	189
XIV.	La liberté (suite).................	201
XV.	La baie de Portsmouth.............	209
XVI.	Les rascals.....................	235
XVII.	Les rascals (suite)................	255
XVIII.	La dette.......................	271
XIIX.	La justice de Surcouf..............	279

FIN DE LA TABLE.

Sceaux, imprimerie de E. Dépée.

www.ingramcontent.com/pod-product-compliance
Lightning Source LLC
Chambersburg PA
CBHW070824170426
43200CB00007B/895